Reinhard Joachim Wabnitz

Grundkurs Kinder- und Jugendhilferecht für die Soziale Arbeit

Mit 62 Übersichten, 3 Tabellen, 14 Fallbeispielen und Musterlösungen

2., überarbeitete Auflage

Ernst Reinhardt Verlag München Basel

Prof. Dr. Dr. *Reinhard Joachim Wabnitz*, Ministerialdirektor a. D., Professor für Rechtswissenschaft, insbesondere Familien- und Jugendhilferecht am Fachbereich Sozialwesen, Fachhochschule Wiesbaden

Außerdem von R. J. Wabnitz im Ernst Reinhardt Verlag erschienen:
Grundkurs Familienrecht für die Soziale Arbeit
(UTB-Bestellnummer 978-3-8252-2754-8)

Bibliografische Information der Deutschen Nationalbibliothek

Die Deutsche Nationalbibliothek verzeichnet diese Publikation in der Deutschen Nationalbibliografie; detaillierte bibliografische Daten sind im Internet über <http://dnb.d-nb.de> abrufbar.
UTB-ISBN 978-3-8252-2878-1
ISBN 978-3-497-02054-6

© 2009 by Ernst Reinhardt, GmbH & Co KG, Verlag, München

Dieses Werk einschließlich seiner Teile ist urheberrechtlich geschützt. Jede Verwertung außerhalb der engen Grenzen des Urheberrechtsgesetzes ist ohne schriftliche Zustimmung der Ernst Reinhardt, GmbH & Co KG, München, unzulässig und strafbar. Das gilt insbesondere für Vervielfältigungen, Übersetzungen in andere Sprachen, Mikroverfilmungen und die Einspeicherung und Verarbeitung in elektronischen Systemen.

Einbandgestaltung: Atelier Reichert, Stuttgart
Satz: Fotosatz Reinhard Amann, Aichstetten
Printed in Germany
ISBN 978-3-8252-2878-1 (UTB-Bestellnummer)

Ernst Reinhardt Verlag, Kemnatenstr. 46, D-80639 München
Net: www.reinhardt-verlag.de E-Mail: info@reinhardt-verlag.de

Inhalt

Abkürzungsverzeichnis 12

Vorwort zur 2. Auflage 15

Vorwort zur 1. Auflage 16

1	**Grundsätze und Strukturprinzipien des Kinder- und Jugendhilferechts I**	17
1.1	Kinder- und Jugendhilfe(recht) und SGB VIII (§ 1) ..	17
1.1.1	Kinder- und Jugendhilfe	17
1.1.2	Kinder- und Jugendhilferecht	18
1.1.3	Kinder- und Jugendhilfegesetz (KJHG)	18
1.1.4	Das Sozialgesetzbuch Achtes Buch (SGB VIII)	19
1.2	Kinder- und Jugendhilferecht, Familienrecht und Grundgesetz	20
1.3	Freie und öffentliche (Kinder- und) Jugendhilfe (§§ 3, 4)	23
1.3.1	Freie (Kinder- und) Jugendhilfe	24
1.3.2	Öffentliche (Kinder- und) Jugendhilfe	25
1.3.3	Zusammenarbeit der öffentlichen mit der freien (Kinder- und) Jugendhilfe	26
2	**Grundsätze und Strukturprinzipien des Kinder- und Jugendhilferechts II**	29
2.1	Anwendungsbereich des SGB VIII (§§ 7, 6, 10)	29
2.1.1	Begriffsbestimmungen (§ 7)	29
2.1.2	Geltungsbereich (§ 6)	30

2.1.3	Verhältnis zu anderen Leistungen und Verpflichtungen (§ 10)	31
2.2	Wunsch- und Wahlrecht, Beteiligungsrechte (§§ 5, 8)	32
2.2.1	Wunsch- und Wahlrecht (§ 5)	32
2.2.2	Beteiligungsrechte (§ 8)	33
2.3	Verpflichtungen zum Schutz von Kindern und Jugendlichen (§ 8a)	35
2.3.1	Schutzauftrag bei Kindeswohlgefährdung	35
2.3.2	Garantenstellung	37
2.4	Historische Entwicklung des Kinder- und Jugendhilferechts	37
3	**Aufgaben der Kinder- und Jugendhilfe**	**40**
3.1	Leistungen und andere Aufgaben (§§ 2, 9)	40
3.1.1	Leistungen der Kinder- und Jugendhilfe	40
3.1.2	Andere Aufgaben der Jugendhilfe	41
3.1.3	Weitere gesetzliche Verpflichtungen	41
3.1.4	Grundrichtung der Erziehung, Gleichberechtigung von Mädchen und Jungen	42
3.2	Objektive Rechtsverpflichtungen und subjektive Rechtsansprüche	42
3.3	Fachaufsicht und Rechtsaufsicht	44
3.4	Dreiecksverhältnis	45
4	**Förderung der Erziehung in der Familie**	**48**
4.1	Allgemeine Förderung der Erziehung in der Familie (§ 16)	48
4.2	Beratung in Fragen der Partnerschaft, Trennung und Scheidung (§ 17)	49
4.2.1	Adressatenkreis und Ziele der Beratung nach § 17	50
4.2.2	Angebote der Beratung	50
4.2.3	Verknüpfung mit anderen Gesetzen	51
4.3	Beratung und Unterstützung bei der Ausübung der Personensorge und des Umgangsrechts (§ 18)	51

4.4	Gemeinsame Wohnformen für Mütter/Väter und Kinder (§ 19)	52
4.5	Betreuung und Versorgung des Kindes in Notsituationen (§ 20)	54
4.6	Unterstützung bei notwendiger Unterbringung zur Erfüllung der Schulpflicht (§ 21)	56
5	**Jugendarbeit, Jugendsozialarbeit, Kinder- und Jugendschutz**	**57**
5.1	Jugendarbeit (§ 11)	57
5.1.1	Angebote, Rechtscharakter und wesentliche Strukturprinzipien	57
5.1.2	Anbieter, Adressaten und inhaltliche Schwerpunkte	59
5.2	Förderung der Jugendverbände (§ 12)	60
5.2.1	Bedeutung und Rechtscharakter von § 12 Abs. 1	60
5.2.2	Jugendverbände und Jugendgruppen nach § 12 Abs. 2	61
5.3	Jugendsozialarbeit (§ 13)	61
5.3.1	Die Grundnorm des § 13 Abs. 1	62
5.3.2	Die wichtigsten Aufgabenfelder der Jugendsozialarbeit	63
5.4	Erzieherischer Kinder- und Jugendschutz (§ 14)	64
5.5	Landesrecht (§ 15)	65
6	**Förderung von Kindern in Tageseinrichtungen und in Kindertagespflege**	**66**
6.1	Grundsätze und Überblick	66
6.2	Förderung in Tageseinrichtungen (§§ 22, 22a, 24, 24a)	67
6.2.1	Kindergärten	68
6.2.2	Horte	69
6.2.3	Krippen	69
6.2.4	Andere Förderangebote	70
6.3	Förderung in Kindertagespflege (§ 23)	70
6.4	Landesrecht (§ 26)	72

7 Hilfe zur Erziehung I ... 74

7.1 § 27 als Grundnorm der Hilfe zur Erziehung ... 74
7.1.1 Tatbestandsvoraussetzungen von § 27 Abs. 1 ... 75
7.1.2 Rechtsfolgen und Rechtscharakter von § 27 Abs. 1 ... 76
7.2 Überblick über Hilfe zur Erziehung, Eingliederungshilfe und Hilfe für junge Volljährige ... 78
7.3 Erziehungsberatung (§ 28) ... 79
7.4 Soziale Gruppenarbeit (§ 29) ... 80
7.5 Erziehungsbeistand (§ 30) ... 81
7.6 Sozialpädagogische Familienhilfe (§ 31) ... 82

8 Hilfe zur Erziehung II, Eingliederungshilfe, Hilfe für junge Volljährige ... 85

8.1 Erziehung in einer Tagesgruppe (§ 32) ... 85
8.2 Vollzeitpflege (§ 33) ... 86
8.2.1 Kinder und Jugendliche in Vollzeitpflege ... 87
8.2.2 Pflegepersonen ... 88
8.2.3 Vollzeitpflege und Zivilrecht ... 88
8.3 Heimerziehung/sonstige betreute Wohnform (§ 34) ... 89
8.3.1 Kinder und Jugendliche in Heimerziehung oder sonstiger betreuter Wohnform ... 90
8.3.2 Einrichtungen ... 90
8.3.3 Bezugspunkte zum Zivilrecht, Jugendstrafrecht und „geschlossene Unterbringung" ... 91
8.4 Intensive sozialpädagogische Einzelbetreuung (§ 35) ... 91
8.5 Eingliederungshilfe für seelisch behinderte Kinder und Jugendliche (§ 35a) ... 92
8.5.1 Seelisch behinderte oder von einer solchen Behinderung bedrohte Kinder und Jugendliche ... 94
8.5.2 Leistungen der Eingliederungshilfe für seelisch behinderte Kinder und Jugendliche ... 94
8.5.3 Besondere Verfahrensvorschriften ... 95
8.6 Hilfe für junge Volljährige (§ 41) ... 95

9	**Hilfe zur Erziehung III**	98
9.1	Leistungen zum Unterhalt, Krankenhilfe (§§ 39, 40)	98
9.1.1	Leistungen zum Unterhalt des Kindes oder des Jugendlichen (§ 39)	98
9.1.2	Krankenhilfe (§ 40)	100
9.2	Mitwirkung bei Hilfen zur Erziehung (§ 36)	100
9.3	Hilfeplan	102
9.4	Zusammenarbeit bei Hilfen zur Erziehung außerhalb der eigenen Familie (§§ 37, 38)	102
9.5	Steuerungsverantwortung, Selbstbeschaffung (§ 36a)	102
9.6	Herbeiführung von Entscheidungen des Familiengerichts	103
10	**Andere Aufgaben der Kinder- und Jugendhilfe I**	106
10.1	Besonderheiten der anderen Aufgaben nach §§ 42 bis 60	106
10.2	Inobhutnahme von Kindern und Jugendlichen (§ 42)	107
10.2.1	Adressatenkreis	108
10.2.2	Aufgaben des Jugendamtes	109
10.2.3	Freiheitsentziehende Maßnahmen	109
10.2.4	Aufgaben des Familiengerichtes	110
10.3	Mitwirkung in Verfahren vor den Familiengerichten (§ 50)	110
10.3.1	Unterstützung und Unterrichtung des Familiengerichtes	110
10.3.2	Mitwirkung in Verfahren nach dem FGG/FamFG	111
10.3.3	Zusammenarbeit von JA und Familiengericht	111
10.4	Mitwirkung nach dem Jugendgerichtsgesetz (§ 52)	112
11	**Andere Aufgaben der Kinder- und Jugendhilfe II**	114
11.1	Schutz von Kindern und Jugendlichen in Familienpflege und in Einrichtungen (§§ 43 bis 49)	114
11.1.1	Erlaubnis zur Kindertagespflege (§ 43)	114
11.1.2	Erlaubnis zur Vollzeitpflege (§ 44)	115

11.1.3 Erlaubnis für den Betrieb einer Einrichtung
(§§ 45 bis 49) 115

11.2 Beratung und Unterstützung bei Vaterschaftsfeststellung und Geltendmachung von
Unterhaltsansprüchen (§ 52a) 116

11.3 Vormundschaft, Pflegschaft und Beistandschaft
(§§ 53 bis 58) 117

11.3.1 Vormundschaft 119

11.3.2 Pflegschaft 119

11.3.3 Beistandschaft 120

11.4 Beurkundung und Beglaubigung, vollstreckbare
Urkunden (§§ 59, 60) 120

11.5 Annahme als Kind (§ 51), Adoptionsvermittlung 121

12 Träger der öffentlichen Jugendhilfe und Jugendbehörden 123

12.1 Örtliche und überörtliche Träger (§ 69) 124

12.2 Sachliche Zuständigkeit (§ 85) 124

12.3 Jugendamt/Jugendhilfeausschuss (§§ 70, 71) 125

12.3.1 Die „Zweigliedrigkeit" des JA 127

12.3.2 Der JHA 128

12.3.3 Die Verwaltung des JA 129

12.3.4 Neuere organisatorische Entwicklungen in den JÄern 129

12.4 Landesjugendamt/Landesjugendhilfeausschuss
(§§ 70, 71) 130

12.4.1 Die „Zweigliedrigkeit" des LJA 130

12.4.2 Der LJHA 130

12.4.3 Die Verwaltung des LJA 130

12.5 Andere Jugendbehörden (§§ 69, 82 bis 84) 131

12.5.1 Behörden von kreisangehörigen Gemeinden 131

12.5.2 Oberste Landesjugendbehörden (§ 82 Abs. 1) und
oberste Bundesbehörde (§ 83 Abs. 1) 131

12.6 Mitarbeiter (§§ 72, 72a) 132

Inhalt 11

13 Zusammenarbeit zwischen der öffentlichen und der freien Jugendhilfe 134

13.1 Anerkennung von Trägern der freien Jugendhilfe (§ 75) 134

13.2 Finanzierung von Trägern der freien Jugendhilfe 136

13.3 Subventionsfinanzierung (§ 74) 137

13.4 Entgeltfinanzierung (§§ 77, 78a bis 78g) 138

13.4.1 Vereinbarungen über die Höhe der Kosten (§ 77) 139

13.4.2 Vereinbarungen über Leistungsangebote, Entgelte und Qualitätsentwicklung (§§ 78a bis 78g) 139

13.5 Gesamtverantwortung, Gewährleistungsverpflichtung (§ 79) 140

13.6 Jugendhilfeplanung, Zusammenarbeit (§§ 80, 78, 81) 142

14 Verfahrensfragen und ergänzende Vorschriften 145

14.1 Örtliche Zuständigkeit und Kostenerstattung (§§ 86 bis 89h) 145

14.1.1 Örtliche Zuständigkeit für Leistungen 146

14.1.2 Örtliche Zuständigkeit für andere Aufgaben 146

14.1.3 Kostenerstattung 146

14.2 Kostenbeteiligung (§§ 90 bis 97c) 147

14.2.1 Keine Kostenbeteiligung 147

14.2.2 Pauschalierte Kostenbeteiligung 148

14.2.3 Kostenbeiträge/Heranziehung zu den Kosten 149

14.3 Datenschutz bei Sozialdaten (§§ 61 bis 68) 150

14.3.1 Datenschutz im Sozialgesetzbuch 150

14.3.2 Datenschutz nach den §§ 61 bis 68 („Jugendhilfe-Additive") 152

14.4 Ergänzende Vorschriften (§§ 98 bis 105) 153

Anhang 155
Musterlösungen 155
Literatur 175
Sachregister 182

Abkürzungsverzeichnis

Abs.	Absatz
AdVermiG	Adoptionsvermittlungsgesetz
AG	Ausführungsgesetz
ASD	Allgemeiner Sozialdienst
BAföG	Bundesausbildungsförderungsgesetz
BGB	Bürgerliches Gesetzbuch
BGBl	Bundesgesetzblatt
BGH	Bundesgerichtshof
BVerfG	Bundesverfassungsgericht
BVerfGE	Amtliche Sammlung der Entscheidungen des Bundesverfassungsgerichts
BVerwG	Bundesverwaltungsgericht
BVerwGE	Amtliche Sammlung der Entscheidungen des Bundesverwaltungsgerichts
FamFG	Gesetz über das Verfahren in Familiensachen und in den Angelegenheiten der freiwilligen Gerichtsbarkeit
FamRZ	Zeitschrift für das gesamte Familienrecht
FEVS	Fürsorgerechtliche Entscheidungen der Verwaltungsgerichte und der Sozialgerichte
FGG	Gesetz über die Angelegenheiten der Freiwilligen Gerichtsbarkeit
FK-SGB VIII	Frankfurter Kommentar zum SGB VIII
FuR	Zeitschrift: Familie und Recht
g. A.	Gewöhnlicher Aufenthalt
GG	Grundgesetz
GK-SGB VIII	Gemeinschaftskommentar zum SGB VIII
GVBl	Gesetz- und Verordnungsblatt
GVG	Gerichtsverfassungsgesetz
Haager MSA	Haager Minderjährigenschutzabkommen
HKJGB	Hessisches Kinder- und Jugendhilfegesetzbuch

Abkürzungsverzeichnis

i. V. m.	in Verbindung mit
JA/JÄer	Jugendamt/Jugendämter
JAmt	Zeitschrift: Das Jugendamt
JGG	Jugendgerichtsgesetz
JHA	Jugendhilfeausschuss
JuSchG	Jugendschutzgesetz
JWG	Gesetz für Jugendwohlfahrt
KICK	Jugendhilfeweiterentwicklungsgesetz
KJHG	Kinder- und Jugendhilfegesetz
LJA/LJÄer	Landesjugendamt/Landesjugendämter
LJHA	Landesjugendhilfeausschuss
m. w. N.	mit weiteren Nachweisen
NDV	Nachrichtendienst des Deutschen Vereins für öffentliche und private Fürsorge
NJW	Neue juristische Wochenschrift
OVG	Oberverwaltungsgericht
Psb.	Personensorgeberechtige(r)
RdJB	Zeitschrift: Recht der Jugend und des Bildungswesens
RJWG	Reichsjugendwohlfahrtsgesetz
RsDE	Zeitschrift: Recht der sozialen Dienste und Einrichtungen
Rz	Randziffer
SGB	Sozialgesetzbuch
SGB I	Erstes Buch Sozialgesetzbuch (Allg. Teil)
SGB VIII	Achtes Buch SGB (Kinder- und Jugendhilfe)
SGB X	Zehntes Buch SGB (Verwaltungsverfahren)
SGG	Sozialgerichtsgesetz
SPFH	Sozialpädagogische Familienhilfe
StGB	Strafgesetzbuch
StPO	Strafprozessordnung
TAG	Tagesbetreuungsausbaugesetz
UJ	Unsere Jugend
UN-KRK	UN-Kinderrechtskonvention
UVG	Unterhaltsvorschussgesetz
VA	Verwaltungsakt
VG	Verwaltungsgericht
VwGO	Verwaltungsgerichtsordnung
ZfJ	Zentralblatt für Jugendrecht (bis 2005)

ZFSH/SGB	Zeitschrift für Sozialhilfe und Sozialgesetzbuch
ZKJ	Zeitschrift für Kindschaftsrecht und Jugendhilfe (ab 2006)
ZPO	Zivilprozessordnung

Vorwort zur 2. Auflage

Erfreulicherweise hat die Erstauflage eine solch positive Resonanz gefunden, dass bereits nach knapp zwei Jahren eine Neuauflage erforderlich geworden ist. Nach gründlicher Überarbeitung befindet sich das Werk auf dem neuesten Stand von Gesetzgebung und Literatur. Auch das Kinderförderungsgesetz sowie das Gesetz über das Verfahren in Familiensachen und in den Angelegenheiten der freiwilligen Gerichtsbarkeit sind bereits berücksichtigt.

Wiesbaden, Oktober 2008
Reinhard Joachim Wabnitz

Vorwort zur 1. Auflage

Kinder- und Jugendhilferecht gehört zu den Kernfächern der Ausbildung von Studierenden an den Fachbereichen für Soziale Arbeit, Sozialpädagogik bzw. Sozialwesen an Fachhochschulen und Universitäten in Deutschland. Sehr oft ist dort bereits im Grundstudium eine entsprechende Lehrveranstaltung zu besuchen und mit einer Klausur abzuschließen. Mit Blick darauf erscheinen die gängigen Lehrbücher überwiegend als zu umfangreich und komplex.

Diese Lücke will der vorliegende „Grundkurs Kinder- und Jugendhilferecht für die Soziale Arbeit" schließen, der aus Lehrveranstaltungen an der Fachhochschule Wiesbaden hervorgegangen ist. Das Buch vermittelt in 14 Kapiteln das für die Soziale Arbeit relevante Basiswissen insbesondere über das Achte Buch Sozialgesetzbuch (SGB VIII – Kinder- und Jugendhilfe) in einer systematischen und deshalb einprägsamen und zugleich auf die Zielgruppe zugeschnittenen, verständlich formulierten Art und Weise. Im Mittelpunkt der Darstellung stehen Übersichten, die – zusammen mit dem gleichzeitig zu lesenden Gesetzestext – das „Wichtigste" für die Klausur vermitteln, ergänzt um Erläuterungen und Fallbeispiele.

Das Buch ergänzt zugleich das ebenfalls im Ernst Reinhardt Verlag erschienene „Parallelwerk" des Verfassers „Grundkurs Familienrecht für die Soziale Arbeit" (2006, 2. Aufl. 2009).

Wiesbaden, Oktober 2006
Reinhard Joachim Wabnitz

1 Grundsätze und Strukturprinzipien des Kinder- und Jugendhilferechts I

1.1 Kinder- und Jugendhilfe(recht) und SGB VIII (§ 1)

1.1.1 Kinder- und Jugendhilfe

Was ist „Kinder- und Jugendhilfe"? Darunter versteht man die Gesamtheit der öffentlichen Sozialisationshilfen für junge Menschen sowie der Unterstützungsleistungen für deren Familien, Erziehungs- und Personensorgeberechtigte außerhalb von Familie, Schule, Hochschule, Berufsausbildung und Arbeitswelt.

Der Begriff „Kinder- und Jugendhilfe" ist inhaltlich identisch mit dem früher und auch heute noch gebräuchlichen Begriff „Jugendhilfe". Beide beziehen sich auf junge Menschen, also Kinder, Jugendliche und junge Volljährige im Alter von unter 27 Jahren, sowie ihre Personensorge- und sonstigen Erziehungsberechtigten. Beiden Begriffen liegt ein umfassendes Verständnis von Kinder- und Jugendhilfe zugrunde, das sowohl die traditionelle Jugendpflege (heute: Jugendarbeit einschließlich der außerschulischen Jugendbildung) als auch die „klassische" Jugendfürsorge (heute im Wesentlichen: Hilfen zur Erziehung) und weitere Aufgaben umfasst („Einheit der Kinder- und Jugendhilfe").

Die Kinder- und Jugendhilfe in Deutschland stellt mittlerweile ein großes Aufgabengebiet innerhalb des Sozialwesens dar, im Hinblick auf welches jährlich bundesweit insgesamt ca. 21 Milliarden Euro verausgabt werden, davon mehr als die Hälfte für den Bereich Förderung in Tageseinrichtungen für Kinder, ein knappes Viertel für Hilfen zur Erziehung und ca. 8% für die Jugendarbeit und Jugendsozialarbeit (Statistisches Bundesamt Pressemitteilung Nr. 474 vom 23.11.2007 sowie www.destatis.de). In der Kinder- und Jugendhilfe in Deutschland sind ca. 600.000 Menschen hauptberuflich tätig; noch wesentlich mehr engagieren sich ehrenamtlich.

1.1.2 Kinder- und Jugendhilferecht

Das Kinder- und Jugendhilferecht umfasst dementsprechend die Gesamtheit der Rechtsvorschriften des Bundes- und Landesrechts außerhalb der Bereiche Familie, Schule und Hochschule, Berufsausbildung und Arbeitswelt, die die Förderung der Entwicklung und Erziehung junger Menschen zu eigenverantwortlichen und gemeinschaftsfähigen Persönlichkeiten zum Gegenstand haben. Kinder- und Jugendhilferecht und Kinder- und Jugendhilfe sind auf das Engste aufeinander bezogen und miteinander verwoben; sie bedingen und beeinflussen sich wechselseitig.

Das wichtigste Gesetz des Kinder- und Jugendhilferechts ist das Achte Buch Sozialgesetzbuch (SGB VIII – Kinder- und Jugendhilfe) als Teil des Kinder- und Jugendhilfegesetzes (KJHG) (siehe 1.1.3. und 1.1.4). Darüber hinaus gibt es weitere Bundesgesetze wie das Adoptionsvermittlungsgesetz (AdVermiG), das SGB I und X, das Jugendschutzgesetz (JuSchG), das Gesetz zur Förderung von Jugendfreiwilligendiensten, das Jugendgerichtsgesetz (JGG), das Unterhaltsvorschussgesetz (UVG) und das 4. Buch des BGB (Familienrecht). Daneben bestehen internationale Abkommen wie das Haager Minderjährigenschutzabkommen (Haager MSA) und die UN-Kinderrechtskonvention. Das Kinder- und Jugendhilferecht des Bundes wird ergänzt und konkretisiert durch Landesrecht der 16 Bundesländer, insbesondere durch deren Landesausführungsgesetze zum SGB VIII: Neben allgemeinen Ausführungsgesetzen der Länder gibt es zumeist weitere spezielle Ländergesetze zu den §§ 11 ff (insbesondere über Jugendarbeit und außerschulische Jugendbildung) und zu den §§ 22 ff (betreffend Kindertagesstätten und Kindertagespflege). Auf kommunaler Ebene existiert Satzungsrecht, z. B. über das Verfahren des Jugendhilfeausschusses.

1.1.3 Kinder- und Jugendhilfegesetz (KJHG)

Das KJHG ist die weithin übliche Kurzbezeichnung des Gesetzes zur Neuordnung des Kinder- und Jugendhilferechts vom 26.6.1990 (GVBl I 1163). Es ist ein „Artikelgesetz", gleichsam ein „Mantelgesetz" mit zahlreichen Teilen. Der wichtigste Teil ist dessen Artikel 1, mit dem das neu formulierte Sozialgesetzbuch Achtes Buch (SGB VIII – Kinder- und Jugendhilfe) als Teil des Sozialgesetzbuches in dieses eingefügt worden ist. Daneben gibt es weitere Artikel, die heute überwiegend nicht mehr von Bedeutung sind. Das „Verhältnis" von KJHG und SGB VIII muss man sich also wie in Übersicht 1 dargestellt vorstellen.

> **KJHG = Gesetz zur Neuordnung des Kinder- und Jugendhilferechts** *Übersicht 1*
>
> Art. 1: SGB VIII (Kinder- und Jugendhilfe)
> Art. 2 bis 9: Änderungen des SGB I, X, BGB, JGG u. a.
> Art. 10 bis 19: Übergangsvorschriften (bis 31.12.1994)
> Art. 20 bis 24: Schlussvorschriften
>
> Die korrekte Zitierweise einschlägiger §§ lautet deshalb nicht: § X KJHG, sondern
> **1.** entweder: § X SGB VIII (wie mittlerweile üblich)
> **2.** oder: Art. 1 § X KJHG

1.1.4 Das Sozialgesetzbuch Achtes Buch (SGB VIII)

Im Folgenden wird im Wesentlichen nur noch vom SGB VIII – als dem wichtigsten Teil und Artikel 1 des KJHG – die Rede sein, zurzeit in der Fassung der Bekanntmachung vom 14.12.2006 (BGBl. I S. 3134), zuletzt geändert durch Gesetz vom 19.02.2007 (BGBl. I S. 122). Das SGB VIII ist ein modernes, verständlich formuliertes und einleuchtend untergliedertes Gesetz. Seine Struktur und Systematik können nicht selten für Auslegungsfragen nutzbar gemacht werden. Das SGB VIII enthält zehn Kapitel mit insgesamt ca. 140 Paragrafen (siehe Übersicht 2).

> **Die Gliederung des SGB VIII in zehn Kapitel** *Übersicht 2*
>
> **1.** Allgemeine Vorschriften (§§ 1 bis 10); sie gelten für alle folgenden Kapitel und sind grundlegend für das Verständnis des gesamten SGB VIII!
> **2.** Leistungen der (Kinder- und) Jugendhilfe (§§ 11 bis 41); diese Paragrafen sind für die Soziale Arbeit am wichtigsten!

> 3. andere Aufgaben der (Kinder- und) Jugendhilfe, (§§ 42 bis 60); hoheitliche und für die Soziale Arbeit wichtige Schutzaufgaben betreffend Kinder und Jugendliche!
> 4. Schutz von Sozialdaten (§§ 61 bis 68)
> 5. Träger der (Kinder- und) Jugendhilfe, Zusammenarbeit, Gesamtverantwortung (§§ 69 bis 72a); wichtig für das Gesamtsystem der freien und öffentlichen (Kinder- und) Jugendhilfe!
> 6. zentrale Aufgaben §§ 82 bis 84 (auf Bundes- und Landesebene)
> 7. Zuständigkeit, Kostenerstattung (§§ 85 bis 89h)
> 8. Kostenbeteiligung (§§ 90 bis 97c)
> 9. Kinder- und Jugendhilfestatistik (§§ 98 bis 103)
> 10. Straf- und Bußgeldvorschriften (§§ 104, 105)

Bereits mit Blick auf das frühere, bis 1990 geltende Gesetz für Jugendwohlfahrt (JWG) hat das Bundesverwaltungsgericht in den 1970er Jahren festgestellt, dass dieses „seinem Gegenstand nach" ein „Erziehungsgesetz" sei (BVerwGE 52, 214f.). Dies gilt auch für das SGB VIII, auch wenn dabei der Fokus „Stärkung und Unterstützung der Familien" verstärkt in den Mittelpunkt der rechtlichen Regelungen gerückt ist. Außerdem ist das SGB VIII ein Leistungs-, Struktur- und Fördergesetz.

Das „Leitmotiv" für das SGB VIII beinhaltet dessen § 1 Abs. 1, ergänzt um Absatz 3. Gemäß § 1 Abs. 1 SGB VIII hat jeder junge Mensch „ein Recht auf Förderung seiner Entwicklung und auf Erziehung zu einer eigenverantwortlichen und gemeinschaftsfähigen Persönlichkeit". Diese zweifache – individuelle wie soziale – Zielsetzung der Kinder- und Jugendhilfe zieht sich gleichsam wie ein „roter Faden" durch das gesamte SGB VIII. Eine Konkretisierung erfolgt durch § 1 Abs. 3 Nr. 1 bis 4.

1.2 Kinder- und Jugendhilferecht, Familienrecht und Grundgesetz

Das Grundgesetz für die Bundesrepublik Deutschland, die ranghöchste innerstaatliche Rechtsquelle, enthält mehrere Verfassungsbestimmungen, die sowohl für Ehe und Familie als auch für die Kinder- und Jugendhilfe wichtig sind (siehe dazu Übersicht 3).

> **Kinder- und Jugendhilferecht und Grundgesetz (GG)** *Übersicht 3*
> 1. Art. 6 Abs. 1 Ehe und Familie
> - besonderer Schutz der staatlichen Ordnung
> 2. Art. 6 Abs. 2 Pflege und Erziehung der Kinder
> - als Recht und Pflicht der Eltern (Satz 1),
> - über das die staatliche Gemeinschaft wacht „Staatliches Wächteramt" (Satz 2)
> 3. Art. 6 Abs. 3
> - Fremdplatzierung von Kindern nur bei Versagen der Eltern oder bei drohender Verwahrlosung der Kinder
> 4. Art. 6 Abs. 5 Kinder
> - Gleichberechtigung von nichtehelichen und ehelichen Kindern

Von fundamentaler Bedeutung für das Kinder- und Jugendhilferecht wie für das Familienrecht ist jedoch primär Art. 6 Abs. 2 GG, der zwei Sätze enthält. Nach Satz 1 sind Pflege und Erziehung der Kinder „zuvörderst" (also: in erster Linie) Recht und Pflicht der Eltern. In dieses verfassungsrechtlich geschützte Elternrecht darf der Staat mithin grundsätzlich nicht eingreifen – es sei denn, das Kindeswohl wäre gefährdet.

Deshalb wird Art. 6 Abs. 2 Satz 1 GG durch den weiteren Satz 2 ergänzt, wonach der Staat über „deren Betätigung" (also: die Wahrnehmung von Elternrechten und -pflichten) wacht. Aufgrund dieses „staatlichen Wächteramtes" muss der Staat z. B. bei Kindesmisshandlung oder -vernachlässigung eingreifen. Die zuständigen Stellen sind mithin befugt, ggf. zum Schutz von Kindern und Jugendlichen dabei eventuell auch Elternrechte einzuschränken.

Auf diesen fundamentalen Verfassungsnormen von Art. 6 Abs. 2 Satz 1 und 2 GG, die wortgleich (!) in § 1 Abs. 2 SGB VIII wiederholt werden, bauen sowohl das Familienrecht als auch das Kinder- und Jugendhilferecht (nach dem SGB VIII) auf (siehe Übersicht 4).

> **Grundgesetz, Familienrecht, Kinder- und Jugendhilferecht**
>
> *Übersicht 4*
>
> Die beiden zentralen Verfassungsnormen sind
> - Art. 6 Abs. 2 Satz 1 GG („Elternrechte/-pflichten")
> wortgleich mit § 1 Abs. 2 Satz 1 SGB VIII sowie
> - Art. 6 Abs. 2 Satz 2 GG („Staatliches Wächteramt")
> wortgleich mit § 1 Abs. 2 Satz 2 SGB VIII.
>
> Sie werden konkretisiert: insbesondere durch Buch 4. BGB (Familienrecht) (zu Art. 6 Abs. 2 Satz 1 GG) bzw. das SGB VIII sowie §§ 1666 ff BGB (zu Art. 6 Abs. 2 Satz 2 GG)
>
> „Dazwischen" gibt es umfassende präventive sowie Familien unterstützende, ergänzende und ggf. ersetzende Leistungsangebote der Kinder- und Jugendhilfe (§§ 11 bis 41 SGB VIII).
>
> Zugleich bestehen Spannungsfelder zwischen Elternrechten, Kinderrechten und staatlichen Eingriffsbefugnissen – und in der Kinder- und Jugendhilfe zwischen „Leistung und Eingriff" bzw. „Hilfe und Kontrolle" („doppeltes Mandat" des JA).

Unter dem „Dach" von Art. 6 Abs. 2 GG entfalten sich Familienrecht und Kinder- und Jugendhilferecht in einer mannigfach aufeinander bezogenen Weise. In Buch 4. BGB Familienrecht wird an zahlreichen Stellen auf das SGB VIII (Kinder- und Jugendhilfe) verwiesen, und umgekehrt wird an etlichen Stellen im SGB VIII das Regelwerk des Buches 4. BGB Familienrecht vorausgesetzt. Das 4. Buch Familienrecht (BGB) und das SGB VIII stellen sich also in weiten Teilen gleichsam als „siamesische Zwillinge" dar, die getrennt voneinander nicht vollständig begriffen werden können. Aus didaktischen und systematischen Gründen empfiehlt es sich allerdings, den Einstieg in das Familienrecht und in das SGB VIII zunächst „getrennt" zu suchen, um in einem späteren Stadium verstärkt auf die Zusammenhänge und Verflechtungen einzugehen.

Aus der Sicht des verfassungsrechtlich geschützten Elternrechts nach Art. 6 Abs. 2 Satz 1 GG kann man des Weiteren Folgendes sagen: Das Kinder- und Jugendhilferecht rankt sich gleichsam „zwiebelförmig" um dieses herum. Das SGB VIII beinhaltet grundsätzlich freiwillige Leistungen, die in Anspruch genommen werden können, aber nicht in Anspruch genommen werden müssen.

Entsprechend den in Übersicht 5 gekennzeichneten vier Alternativen gestaltet sich das Kinder- und Jugendhilferecht – aus Sicht der grundgesetzlich verbürgten Elternrechte – jedoch schrittweise „intensiver", bis hin schließlich zu dem Punkt, wo bei Kindeswohlgefährdung sogar Eingriffe in diese (durch das Familiengericht) erforderlich sind.

Elternrecht und Kinder- und Jugendhilfe aus der Perspektive des Art. 6 Abs. 2 Satz 1 GG sowie der §§ 1626 ff BGB: *Übersicht 5*

1. Alternative: Die Eltern gewährleisten „normale" Entwicklungsbedingungen für ihre Kinder (entsprechend §§ 1626 ff BGB): Es sind keine Maßnahmen nach dem SGB VIII erforderlich.
2. Alternative (faktisch der häufigste Fall!): Eltern suchen ergänzende/unterstützende Leistungen der Kinder- und Jugendhilfe, z. B. in Form von Kindertagesbetreuung oder -pflege (§§ 22 ff), Familienbildung, -freizeiten und -erholung (§ 16), oder von speziellen Angeboten der Förderung der Erziehung in der Familie (§§ 19 bis 21).
3. Alternative: Die Eltern suchen Unterstützung in schwierigen Situationen, z. B. durch Eheberatung oder Beratung in Fragen von Trennung, Scheidung oder bei Sorge-, Umgangs- oder Unterhaltsfragen (§§ 17, 18).
4. Alternative: Es besteht im Falle von (drohenden) Erziehungsdefiziten Bedarf hinsichtlich spezieller sozialpädagogischer Hilfe und Unterstützung und damit Anspruch auf Hilfe zur Erziehung (§§ 27 ff):
   - Beantragen die Eltern eine solche Hilfe nicht, geschieht nichts! Der Grundsatz lautet: keine Zwangshilfen in die Familie!
   - Aber es gibt eine Grenze bei Kindeswohlgefährdung – dann Maßnahmen ggf. nach §§ 8a, 42 sowie § 1666 BGB.

1.3 Freie und öffentliche (Kinder- und) Jugendhilfe (§§ 3, 4)

Gemäß § 3 Abs. 1 ist die deutsche (Kinder- und) Jugendhilfe gekennzeichnet durch eine kaum übersehbare Vielfalt von öffentlichen und insbesondere freien Trägern unterschiedlicher Wertorientierungen und durch eine große Vielfalt von Inhalten, Methoden und Arbeitsformen. Die wesentlichen allgemeinen Regelungen für die freie und öffentliche Jugendhilfe sind in den §§ 3 und 4 enthalten, die in den §§ 69 bis 81 weiter konkretisiert werden.

1.3.1 Freie (Kinder- und) Jugendhilfe

Freie (Kinder- und) Jugendhilfe nach den §§ 3 und 4 umfasst alle nichtöffentlichen Träger und Organisationen, die Aufgaben der Kinder- und Jugendhilfe im Sinne der §§ 1 und 2 wahrnehmen (siehe Übersicht 6).

Freie Träger der (Kinder- und) Jugendhilfe sind z. B.

Übersicht 6

- Verbände, Gruppen und Initiativen der Jugend
- Träger der außerschulischen Jugendbildung
- Sportvereine und -verbände
- Träger der Kulturarbeit
- Träger der Jugendsozialarbeit
- Träger und Einrichtungen der Familienförderung, -bildung, -beratung und -erholung
- Träger von Tageseinrichtungen für Kinder
- Elterninitiativen
- Verbände der freien Wohlfahrtspflege
- Kirchen und andere Religionsgemeinschaften
- Gewerkschaften
- Bildungseinrichtungen
- Bürgerinitiativen, Trägervereine etc.
- Träger von Heimen und anderen Diensten oder Einrichtungen der Erziehungshilfe
- Träger im Bereich der Jugendgerichtshilfe
- Vereine zur Führung von Vereinsvormundschaften
- privatgewerbliche Träger

In Deutschland gibt es Tausende von Trägern der freien Kinder- und Jugendhilfe. Sie existieren zum Teil schon länger als die Bundesrepublik Deutschland, die Länder und die derzeit bestehenden kommunalen Gebietskörperschaften. Traditionell überwiegen – noch – gemeinnützige, verbandlich, kirchlich oder gewerkschaftlich organisierte Organisationen und Institutionen, die zudem vielfach auch auf überörtlicher, Landes- oder Bundesebene zusammengeschlossen sind. Außerdem existieren zahllose Initiativen und Gruppen vor Ort sowie in noch relativ geringer Zahl privatgewerbliche freie Träger. Freie Träger erbringen den deutlich überwiegenden Teil der Leistungen der Kinder- und Jugendhilfe nach den §§ 11 bis 41, und freie Träger halten ca. 60 bis 70% der Dienste und Einrichtungen der Kinder- und Jugendhilfe vor (Wabnitz 2005, 90; Münder et al. 2006, vor § 69 Rz 15).

Die freie Kinder- und Jugendhilfe entscheidet selbst, ob und in welchem Umfang sie tätig wird. Sie bedarf insoweit keiner staatlichen „Konzession" oder Erlaubnis. Begehren freie Träger der Kinder- und Jugendhilfe jedoch öffentliche Förderung, müssen sie die dafür bestehenden rechtlichen Rahmenbedingungen (vgl. §§ 74 ff) akzeptieren. Freie Träger sind überwiegend in Rechtsformen des privaten Rechts, insbesondere in der Form des eingetragenen Vereins (§§ 21 ff, 55 ff BGB) organisiert.

1.3.2 Öffentliche (Kinder- und) Jugendhilfe

Öffentliche (Kinder- und) Jugendhilfe umfasst alle in Übersicht 7 genannten öffentlich-rechtlichen Rechtsträger und Behörden, die Aufgaben der Kinder- und Jugendhilfe nach dem SGB VIII wahrnehmen.

Öffentliche Kinder- und Jugendhilfe

Übersicht 7

1. Träger der öffentlichen (Kinder- und) Jugendhilfe als Träger der wichtigsten Jugendbehörden Jugendamt (JA) und Landesjugendamt (LJA) sind
- örtliche Träger nach § 69 Abs. 1 und 3, die ein JA zu errichten haben; sie sind sachlich zuständig für fast alle Einzelfall bezogenen Aufgaben der Kinder- und Jugendhilfe und tragen insoweit die Gesamtverantwortung nach § 79 Abs. 1, sowie
- überörtliche Träger nach § 69 Abs. 1 und 3, die ein LJA zu errichten haben und dort „überörtliche", im Wesentlichen beratende und unterstützende Aufgaben wahrnehmen.

> **2. Andere Jugendbehörden sind**
> - kreisangehörige Gemeinden und Gemeindeverbände, die nicht örtliche Träger der öffentlichen (Kinder- und) Jugendhilfe sind; sie engagieren sich insbesondere im Bereich der Kindertagesbetreuung und der Jugendarbeit,
> - oberste Landesjugendbehörden nach § 82 Abs. 1, in den Flächenländern die „Jugendministerien", die landesweite Aufgaben erfüllen, sowie
> - die oberste Bundes(jugend)behörde nach § 83 Abs. 1, die im Bereich der Bundesregierung nationale und internationale Aufgaben wahrnimmt.

Für die Praxis der Sozialen Arbeit – auch für das Verhältnis zu den Trägern der freien (Kinder- und) Jugendhilfe – primär wichtig sind die Träger der öffentlichen (Kinder- und) Jugendhilfe nach § 69 Abs. 1. Diese sind zugleich Rechtsträger der – von ihnen juristisch zu unterscheidenden (!) – Jugendbehörden nach § 69 Abs. 3, den bundesweit über 600 Jugendämtern und bzw. den Landesjugendämtern in jedem Bundesland.

1.3.3 Zusammenarbeit der öffentlichen mit der freien (Kinder- und) Jugendhilfe

Charakteristisch für das System der Kinder- und Jugendhilfe nach dem SGB VIII sind die in Übersicht 8 genannten fünf Strukturprinzipien.

> **Zusammenarbeit und Verhältnis von Trägern der freien und der öffentlichen (Kinder- und) Jugendhilfe nach dem SGB VIII** *Übersicht 8*
>
> 1. partnerschaftliche Zusammenarbeit, § 4 Abs. 1 Satz 1, bei Achtung der Selbstständigkeit der freien Jugendhilfe in Zielsetzung, Aufgabenwahrnehmung und Organisation, § 4 Abs. 1 Satz 2; vgl. auch § 71, §§ 74, 77, 78, 78a ff, § 80 (Zusammenarbeit in JHA/Arbeitsgemeinschaften, bei der Finanzierung und der Jugendhilfeplanung)

Freie und öffentliche (Kinder- und) Jugendhilfe (§§ 3, 4)   27

2. Gesamtverantwortung der öffentlichen Träger, § 79, die auch allein Adressaten von Leistungsverpflichtungen nach § 3 Abs. 2 Satz 2 und ggf. von Rechtsansprüchen sind.
3. Leistungserbringung durch freie und öffentliche Träger, § 3 Abs. 2 Satz 1, bei grundsätzlichem Vorrang der freien Träger, § 4 Abs. 2 („Subsidiaritätsprinzip"). Die öffentliche Jugendhilfe soll also im Bedarfsfall zunächst prüfen, ob Angebote der freien Jugendhilfe vorhanden sind oder – ggf. mit öffentlicher Förderung (siehe 4.) – geschaffen werden können, und zunächst von eigenen Maßnahmen absehen. Ein „absolutes Betätigungsverbot" der öffentlichen Jugendhilfe folgt daraus aber nicht.
4. Förderung der Träger der freien Jugendhilfe durch die öffentliche Jugendhilfe, § 4 Abs. 3 i. V. m. §§ 74 ff
5. besondere Situation im Bereich der „anderen Aufgaben": Wahrnehmung derselben durch die Träger der öffentlichen Jugendhilfe nach § 3 Abs. 3, wobei allerdings anerkannte Träger der freien Jugendhilfe gemäß § 76 (bei Fortbestehen der Verantwortlichkeit der öffentlichen Träger) bei bestimmten Aufgaben beteiligt werden können.

Das dargestellte Gesamtsystem der Kinder- und Jugendhilfe in Deutschland stellt ein historisch gewachsenes, bewährtes, aber auch kompliziertes Verhältnis und Zusammenspiel von freien und öffentlichen Trägern dar. Das Bundesverfassungsgericht hat in seinem grundlegenden Urteil vom 18.7.1967 (E 22, 180, 200, 202) in diesem Zusammenhang von einer „gemeinsamen Bemühung von Staat und freien Jugend- und Wohlfahrtsorganisationen" sowie von der hier „üblichen und bewährten Zusammenarbeit" zwischen den Trägern der öffentlichen und freien (Kinder- und) Jugendhilfe gesprochen. Partnerschaftliche Zusammenarbeit ist dabei der wesentliche Maßstab und gleichsam das „Leitmotiv" für das Verhältnis zwischen der öffentlichen und der freien (Kinder- und) Jugendhilfe.

📖 Literatur

Internationaler Jugendaustausch- und Besucherdienst (IJAB) (2007): Kinder- und Jugendpolitik. Kinder- und Jugendhilfe in der Bundesrepublik Deutschland
Münder, J., Wiesner, R. (Hrsg.) (2006) Kinder- und Jugendhilferecht. Handbuch
Schröer, H., Struck, N., Wolff, K. (Hrsg.) (2002): Handbuch Kinder- und Jugendhilfe
Wabnitz, R. J. (1998): Kinder- und Jugendhilfe im vereinten Deutschland
– (2004): Zur Rechtsstellung von Trägern der freien Jugendhilfe, insbesondere auf Bundesebene
– (2007b): Hessisches Kinder- und Jugendhilfegesetzbuch (HKJGB). Kommentar
Wiesner, R., Schindler, G., Schmid, H. (2007): Das neue Kinder- und Jugendhilferecht. Einführung, Texte, Materialien
–, Zarbock, W. (Hrsg.) (1991): Das neue Kinder- und Jugendhilfegesetz (KJHG)

Fall 1: Prüfschema und Arbeitsanleitung zur Lösung kinder- und jugendhilferechtlicher Fälle

Die Eheleute A und B haben vier Kinder und erbitten Auskunft darüber, ob und ggf. welche Leistungen der Kinder- und Jugendhilfe nach dem SGB VIII ihre Kinder bzw. sie als Eltern vom JA oder von Trägern der freien Jugendhilfe erhalten können.

2 Grundsätze und Strukturprinzipien des Kinder- und Jugendhilferechts II

2.1 Anwendungsbereich des SGB VIII (§§ 7, 6, 10)

2.1.1 Begriffsbestimmungen (§ 7)

§ 7 enthält wichtige Begriffsbestimmungen, die teilweise mit dem übrigen öffentlichen Recht bzw. mit dem BGB übereinstimmen, teilweise jedoch auch nicht. Kind ist gemäß § 7 Abs. 1 Nr. 1, wer noch nicht 14 Jahre alt ist, und Jugendlicher ist gemäß § 7 Abs. 1 Nr. 2, wer 14, aber noch nicht 18 Jahre alt ist. Diese Begriffe sind identisch mit denen des Strafrechts, des Jugendstrafrechts und des Jugendschutzgesetzes, nicht jedoch mit denen des GG und des BGB: Dort wird jede(r) Minderjährige(r) unter 18 Jahren als „Kind" bezeichnet (vgl. § 7 Abs. 2).

Gemäß § 7 Abs. 3 Nr. 3 ist junger Volljähriger, wer 18, aber noch nicht 27 Jahre alt ist, und gemäß § 7 Abs. 1 Nr. 4 ist (als Sammelbegriff für das gesamte SGB VIII) junger Mensch, wer noch nicht 27 Jahre alt ist. Diese Begriffe gibt es so nur im SGB VIII. Im Jugendstrafrecht spricht man von „Heranwachsenden" im Alter von 18 bis unter 21 Jahren.

Der Begriff „Personensorgeberechtigter" in § 7 Abs. 1 Nr. 5 entspricht dem des BGB in den §§ 1626 ff BGB: Inhaber des Personensorgerechts sind ggf. die Eltern des Kindes bzw. ein Elternteil oder ein Vormund (§§ 1773 ff BGB) bzw. (teilweise) ein Pfleger (§§ 1909 ff BGB). „Erziehungsberechtigter" gemäß § 7 Abs. 1 Nr. 6 sind Personensorgeberechtigte oder andere erwachsene Personen, die Erziehungsrechte aufgrund vertraglicher Vereinbarungen mit den Personensorgeberechtigten wahrnehmen, z. B. in Kindertageseinrichtungen oder in Heimen der Kinder- und Jugendhilfe.

2.1.2 Geltungsbereich (§ 6)

§ 6 legt den Geltungsbereich des SGB VIII fest, regelt also, für welche jungen Menschen und Personensorgeberechtigten das SGB VIII überhaupt gilt. Die sehr komplizierten Regelungen des § 6 werden verständlich, wenn man sie differenziert betrachtet zum einen mit Blick auf Leistungen (§ 2 Abs. 2, § 3 Abs. 2) und andere Aufgaben (§ 2 Abs. 3, § 3 Abs. 3) der Kinder- und Jugendhilfe und zum anderen mit Blick auf Deutsche und Ausländer (siehe Übersicht 9).

Geltungsbereich des SGB VIII (§ 6)   *Übersicht 9*

I Bei anderen Aufgaben gemäß § 6 Abs. 1 Satz 2 und bei tatsächlichem Aufenthalt in Deutschland:
1. für alle Deutschen.
2. und für alle Ausländer.

II Bei Leistungen:
1. für Deutsche
1.1 gemäß § 6 Abs. 1 Satz 1 bei tatsächlichem Aufenthalt in Deutschland oder
1.2 gemäß § 6 Abs. 3 (nachrangig) im Ausland, soweit sie nicht dort Hilfe erhalten
2. für Ausländer
2.1 gemäß § 6 Abs. 2, wenn sie
2.1.1 in Deutschland ihren gewöhnlichen Aufenthalt haben und
2.1.2 sich in Deutschland aufhalten
 – rechtmäßig (insbesondere: aufgrund einer Aufenthalts- oder Niederlassungserlaubnis nach §§ 7 und 9 Aufenthaltsgesetz)
 – oder aufgrund einer Duldung nach § 60a Aufenthaltsgesetz
2.2 falls nicht bereits nach 2.1: ggf. gemäß § 6 Abs. 4
2.2.1 aufgrund überstaatlichen Rechts (z. B. Haager MSA, Europäisches Fürsorgeabkommen) oder
2.2.2 aufgrund zwischenstaatlichen Rechts

III Anspruch auf Beratung und Unterstützung bei der Ausübung des Umgangsrechts bei gewöhnlichem Aufenthalt des Kindes oder Jugendlichen in Deutschland haben Deutsche und Ausländer gemäß § 6 Abs. 1 Satz 3.

Etwas verkürzt formuliert kann man § 6 auch wie folgt zusammenfassen: Andere Aufgaben sind immer wahrzunehmen, Deutsche können (abgesehen von § 6 Abs. 3) immer und Ausländer können fast immer Leistungen nach dem SGB VIII beanspruchen.

2.1.3 Verhältnis zu anderen Leistungen und Verpflichtungen (§ 10)

Das Verhältnis von Kinder- und Jugendhilfe nach dem SGB VIII zu anderen Leistungsbereichen und Verpflichtungen regelt § 10 differenziert, aber präzise im Sinne des in Übersicht 10 gezeigten „Dreischrittes": 1. vor 2. (SGB VIII) und 2. (SGB VIII) vor 3.

Verhältnis des SGB VIII zu anderen Leistungsbereichen und Verpflichtungen (§ 10) *Übersicht 10*

1. Vorrang vor dem SGB VIII haben:
- Verpflichtungen anderer, insbesondere anderer Sozialleistungsträger (z. B. nach SGB III/Arbeitsförderung oder SGB V/Gesetzliche Krankenversicherung), § 10 Abs. 1
- Schule, § 10 Abs. 1
- private Unterhaltsverpflichtete (nach dem BGB), § 10 Abs. 2
- Leistungen (nur!) nach § 3 Abs. 2 und §§ 14 bis 16 SGB II/Grundsicherung für Arbeitsuchende, § 10 Abs. 3 Satz 2
- Leistungen der Eingliederungshilfe für körperlich und/oder geistig behinderte junge Menschen nach SGB XII/Sozialhilfe, § 10 Abs. 4 Satz 2 (ggf. Landesrecht, § 10 Abs. 4 Satz 3)
2. SGB VIII/Kinder- und Jugendhilfe
3. Nachrangig gegenüber dem SGB VIII sind
- Leistungen nach dem SGB II/Grundsicherung für Arbeitsuchende, § 10 Abs. 3 Satz 1 (außer: § 10 Abs. 3 Satz 2; vgl. 1.)
- Leistungen nach dem SGB XII/Sozialhilfe, § 10 Abs. 4 Satz 1 (außer: § 10 Abs. 4 Sätze 2 und 3; vgl. 1.)

Leistungen anderer Sozialleistungsträger sind neben den in Übersicht 10 genannten auch solche der gesetzlichen Unfall- und Rentenversicherung, der Ausbildungsförderung, Erziehungsgeld, Wohngeld, Versorgungsleistungen bei Gesundheitsschäden u. a. Der Vorrang der Schule gilt auch mit Blick auf Fördermaßnahmen zur Beseitigung von Lernschwierigkeiten wie Legasthenie, Dyskalkulie. Kompliziert sind insbesondere im Bereich der Jugendsozialarbeit das Verhältnis von SGB II und SGB VIII sowie bei behinderten jungen Menschen das Verhältnis von Kinder- und Jugendhilfe (Eingliederungshilfe für seelisch Behinderte nach § 35a) und Sozialhilfe (Eingliederungshilfe für körperlich und geistig Behinderte nach §§ 53 ff SGB XII). Private Unterhaltsverpflichtungen sind insbesondere solche nach §§ 1601 ff BGB (Unterhalt zwischen Verwandten in gerader Linie, insbesondere von Eltern mit Blick auf ihre Kinder).

2.2 Wunsch- und Wahlrecht, Beteiligungsrechte (§§ 5, 8)

2.2.1 Wunsch- und Wahlrecht (§ 5)

Mit der (objektiven) Vielfalt von unterschiedlichen Trägern der freien und öffentlichen Jugendhilfe (vgl. § 3 Abs. 1) korrespondiert – gleichsam auf der subjektiven Seite – ein Recht der Leistungsberechtigten nach § 5 Abs. 1 Satz 1, zwischen Einrichtungen und Diensten verschiedener Träger zu wählen und Wünsche hinsichtlich der Gestaltung der Hilfe zu äußern. Dieses Wunsch- und Wahlrecht trägt zugleich dem Gebot der Mitwirkung der Betroffenen Rechnung, konkretisiert Grundrechte (Art. 1 Abs. 1, Art. 2 Abs. 1 GG) und entspricht dem fachlichen Gebot, sozialpädagogische Prozesse partizipativ zu gestalten (Fieseler 2004a, 218). Es richtet sich – wie die Leistungsverpflichtungen nach § 3 Abs. 2 Satz 2 auch im Übrigen – (nur) an die Träger der öffentlichen Jugendhilfe, die die Leistungsberechtigten auf dieses Recht gemäß § 5 Abs. 1 Satz 2 hinzuweisen haben. Wer im Einzelfall „Leistungsberechtigte" sind, ein Kind, ein Jugendlicher, ein junger Volljähriger oder ein Personensorgeberechtigter, ist nicht in § 5 (siehe Übersicht 11), sondern ist in den Detailregelungen über die jeweiligen Leistungs- und Aufgabenbereiche nach den §§ 11 ff geregelt.

> **Das Wunsch- und Wahlrecht der Leistungs-** *Übersicht 11*
> **berechtigten (§ 5) bedeutet:**
> ■ Recht, zwischen Einrichtungen und Diensten verschiedener
>   Träger (aber auch desselben Trägers) zu wählen,
> ■ und Wünsche hinsichtlich der Gestaltung der Hilfe(n) zu äußern,
> dies jedoch nur:
> 1. im Rahmen der vorhandenen Einrichtungen und Dienste,
> 2. soweit dies nicht mit unverhältnismäßigen Mehrkosten verbunden ist und
> 3. bei teilstationären und stationären Einrichtungen gemäß § 78a grundsätzlich nur, sofern Vereinbarungen nach § 78b existieren.

Wegen näherer Einzelheiten wird auf Fall 2 verwiesen.

2.2.2 Beteiligungsrechte (§ 8)

§ 8 enthält generelle Regelungen über die Rechtsstellung von Kindern und Jugendlichen bei der Wahrnehmung der Aufgaben nach dem SGB VIII. Nach der Rechtsordnung der Bundesrepublik Deutschland sind auch Kinder und Jugendliche Träger eigener Rechte einschließlich der Grundrechte. Die Subjektstellung des Kindes oder des Jugendlichen wird nicht nur durch § 1, sondern u. a. auch durch die §§ 8 und 36 unterstrichen. Im Lichte der Grundrechte des Grundgesetzes betrachtet, entfalten sich in § 8 Abs. 1 Satz 1, 2, Abs. 2 und 3 auch subjektive, einklagbare Rechtsansprüche von Kindern und Jugendlichen (Wabnitz 2005, 138 ff).

Nach § 8 Abs. 1 Satz 1 sind Kinder und Jugendliche entsprechend ihrem Entwicklungsstand an allen (!) sie betreffenden Entscheidungen der öffentlichen Jugendhilfe zu beteiligen. Sie haben nach Abs. 2 das Recht, sich in allen Angelegenheiten der Erziehung und Entwicklung an das JA zu wenden. § 8 Abs. 3 sieht für Not- und Konfliktsituationen die Möglichkeit der Beratung von Kindern und Jugendlichen durch das JA auch ohne Kenntnis der Personensorgeberechtigten, im Regelfall also der Eltern, vor. Auf die Beteiligungsrechte sind Kinder und Jugendlichen gemäß § 8 Abs. 1 Satz 2 in geeigneter Weise hinzuweisen (Fieseler 2004b, 63 f).

Die genannten Rechte von Kindern und Jugendlichen (siehe Übersicht 12) stehen allerdings in einem Spannungsverhältnis zu den verfassungsrechtlich geschützten Elternrechten nach Art. 6 Abs. 2 Satz 1 GG, auch wenn diese wiederum durch Art. 6 Abs. 2 Satz 2 GG begrenzt sind (siehe 1.2).

Elternrechte/Kinderrechte

Übersicht 12

1. Elternrechte haben nach Art. 6 Abs. 2 Satz 1 GG grundsätzlich Vorrang vor staatlichen Aktivitäten auch bei der Erziehung der Kinder.
2. Deshalb gibt es nach der Konzeption des SGB VIII keine Rechtsansprüche von Kindern oder Jugendlichen auf Leistungen nach dem SGB VIII, deren Inhalt der elterlichen Erziehungsverantwortung entspricht. Und deshalb sind nur die Personensorgeberechtigten (und nicht die Kinder oder Jugendlichen; was allerdings in der Literatur vielfach – und zurecht – kritisiert wird!) ggf. Inhaber von Rechtsansprüchen auf Hilfe zur Erziehung nach den §§ 27 ff, ergänzt durch Beteiligungsrechte von Kindern und Jugendlichen u. a. gemäß § 8 Abs. 1 und 2 sowie § 36.
3. Allerdings werden Elternrechte ggf. durch die Rechte von Kindern und Jugendlichen auf Wahrnehmung des staatlichen Wächteramtes (Art. 6 Abs. 2 Satz 2 GG) begrenzt, und zwar
   - bei Gefährdung des Kindeswohls durch Eingriffe in das elterliche Sorgerecht durch das Familiengericht (§§ 1666 ff BGB)
   - bzw. durch die Berechtigung und Verpflichtung zur (vorläufigen) Inobhutnahme von Kindern und Jugendlichen durch das JA (§ 42). Dementsprechend können Kinder und Jugendliche gemäß § 8 Abs. 3 hier auch ohne Kenntnis der Personensorgeberechtigten beraten werden.
4. Schließlich kennt das SGB VIII Rechtsansprüche bzw. Leistungsverpflichtungen zugunsten von Kindern oder Jugendlichen (selbst), soweit Elternrechte (Art. 6 Abs. 2 Satz 1 GG) überhaupt nicht tangiert sind, z. B.
   - Rechtsansprüche nach §§ 18 Abs. 3, 24 Abs. 1 Satz 1 oder 35a Abs. 1
   - oder Leistungsverpflichtungen z. B. nach § 11, 13, 14 oder § 24 Abs. 1 Satz 2, Abs. 2 und Abs. 3.

2.3 Verpflichtungen zum Schutz von Kindern und Jugendlichen (§ 8a)

2.3.1 Schutzauftrag bei Kindeswohlgefährdung

Vor dem Hintergrund spektakulärer Fälle von Kindesvernachlässigung und -missbrauch (vgl. z. B. zu „Kevins Tod" Hoppensack 2007) hat der Gesetzgeber mit Wirkung vom 1.10.2005 den aus Art. 6 Abs. 2 Satz 2 GG abgeleiteten und in § 1 Abs. 3 Nr. 3 statuierten Schutzauftrag des JA in einem neuen § 8a konkretisiert (siehe Übersicht 13).

Schutzauftrag bei Kindeswohlgefährdung (§ 8a)   *Übersicht 13*
1. „Vorfeldarbeit" des JA (Abs. 1)
1.1 Abschätzung des Gefährdungsrisikos
1.2 Einbeziehung der/des Personensorgeberechtigten/Kindes/ Jugendlichen
1.3 Anbieten von Hilfen
2. „Vorfeldarbeit" von Trägern (Abs. 2)
2.1 Einbeziehung in Schutzauftrag über Vereinbarungen
2.2 Hinwirken auf Inanspruchnahme von Hilfen
2.3 Information des JA
3. Anrufen des Familiengerichts durch das JA (Abs. 3 Satz 1),
3.1 falls dies mit Blick auf Sorgerechtseingriffe erforderlich erscheint, oder
3.2 bei mangelnder Mitwirkungsbereitschaft
4. Verpflichtung des JA zur Inobhutnahme (Abs. 3 Satz 2)
4.1 bei dringender Gefahr für das Kindeswohl (vgl. auch § 42!)
4.2 und wenn Entscheidung des Familiengerichts (nach §§ 1666 ff BGB) nicht abgewartet werden kann
5. Zusammenarbeit JA mit anderen zuständigen Stellen (Abs. 4)
5.1 mit anderen Leistungsträgern
5.2 mit Einrichtungen der Gesundheitshilfe
5.3 mit der Polizei
5.4 und anderen Stellen

In der Fachpraxis war es zu Unsicherheiten gekommen, ab wann ein Eingreifen des JA in Fällen von Kindesmissbrauch oder -misshandlung geboten ist. In § 8a Abs. 1 wird deshalb das JA bereits zu einer „Vorfeldarbeit" ermächtigt und verpflichtet, auch wenn noch nicht sicher feststeht, dass Eingriffe in das elterliche Sorgerecht erforderlich werden. Das JA hat deshalb bei „gewichtigen" Anhaltspunkten für eine Kindeswohlgefährdung im Zusammenwirken mit mehreren Fachkräften das Gefährdungsrisiko abzuschätzen (Satz 1), die Personensorgeberechtigten sowie das Kind/ den Jugendlichen einzubeziehen (Satz 2) und ggf. geeignete Hilfen anzubieten (Satz 3). Dies entspricht den in der Fachpraxis entwickelten Empfehlungen bei einschlägigen Verdachtssituationen (vgl. z. B. Deutscher Städtetag 2004; Deutscher Verein 2006). In diese „Vorfeldarbeit" sind nunmehr ausdrücklich auch die Träger von Einrichtungen und Diensten einzubeziehen: Gemäß § 8a Abs. 2 ist in Vereinbarungen mit diesen sicherzustellen, dass deren Fachkräfte den Schutzauftrag ebenfalls in entsprechender Weise wahrnehmen (dazu: Münder 2007b).

Hält das JA des Weiteren ein Tätigwerden des Familiengerichts – mit dem Ziel des (Teil-)Entzugs von elterlichen Sorgerechten und in der Regel der Einleitung von Hilfen zur Erziehung außerhalb der Herkunftsfamilie nach §§ 27, 33 ff – für erforderlich, so hat es das Familiengericht gemäß § 8a Abs. 3 Satz 1 anzurufen. Diese Regelung entspricht dem früheren § 50 Abs. 3, der nunmehr in den Gesamtzusammenhang von § 8a eingestellt worden ist. Besteht darüber hinaus eine dringende Gefahr für das Kindeswohl und kann eine familiengerichtliche Entscheidung nicht abgewartet werden, so ist das JA gemäß § 8a Abs. 3 Satz 2 verpflichtet, das Kind oder den Jugendlichen in Obhut zu nehmen. Weitere Einzelheiten dazu sind in § 42 geregelt. Gegebenenfalls hat das JA zur Abwendung der Gefahr nach § 8a Abs. 4 auch mit anderen Leistungsträgern, Einrichtungen der Gesundheitshilfe oder der Polizei zusammenzuarbeiten bzw. diese einzuschalten.

Vertiefung: Gewichtige Anhaltspunkte für eine Kindeswohlgefährdung im Sinne von § 8a Abs. 1 Satz 1 können z. B. sein (vgl. Münder et al. 2006, § 8a Rz 11; Wiesner (Hrsg.) (2006), § 8a, Rdnr 13):
- massive Verletzung des Kindes
- Unterernährung
- Suchterkrankung
- starke Verängstigung, Apathie
- massive Schulverweigerung
- ernst zu nehmende Äußerungen über Misshandlungen/Vernachlässigungen

- unzureichende Hygiene
- (häufige) körperliche Gewalt
- fehlende oder verweigerte Beziehungs- und Bindungsangebote
- übermäßige Einschränkung der Autonomie
- problematische familiäre Situation
- extrem beengter Wohnraum, Vermüllung, Obdachlosigkeit
- problematische persönliche Situation der Erziehungspersonen

2.3.2 Garantenstellung

Fälle des Verdachts bzw. des Auftretens von Kindesmissbrauch oder -vernachlässigung stellen zugleich eine „Gefahr geneigte" Tätigkeit insbesondere für die fallzuständigen Sozialarbeiter dar, die sich in „Extremfällen" sogar (durch Unterlassen nach §13 StGB) strafbar machen können, wenn sie im Falle einer Garantenstellung nicht oder nicht rechtzeitig gehandelt haben. Auch um dieses Risiko zu begrenzen, ist §8a in das SGB VIII eingefügt worden (Wabnitz 2004b, 104; Deutscher Städtetag 2004).

2.4 Historische Entwicklung des Kinder- und Jugendhilferechts

Vertiefung (dazu: Hasenclever 1978)

Vom Reichsjugendwohlfahrtsgesetz zum SGB VIII. Zur Geschichte der (Kinder- und) Jugendhilfegesetzgebung

Übersicht 14

Reichsjugendwohlfahrtsgesetz (RJWG)
- Verkündung am 9.7.1922
- erste einheitliche deutsche Regelung
- Zusammenführung von Jugendpflege und -fürsorge
- Konzentration der örtlichen Jugendhilfe im JA
- Regelung des Verhältnisses von öffentlicher und freier Jugendhilfe
- Kritik: kein Leistungs-, sondern Organisationsgesetz
- Notverordnung vom Februar 1924: Suspendierung zahlreicher Neuregelungen

Nationalsozialistische Diktatur
- Bildung eigener Organisationen (z. B. Hitlerjugend)
- „Gleichschaltung" aller öffentlichen Stellen

Novelle des RJWG von 1953

Gesetz für Jugendwohlfahrt (JWG) 1961

Mehrere (gescheiterte) Reformversuche seit den 1970er Jahren

Kinder- und Jugendhilfegesetz (KJHG) und SGB VIII
- Inkrafttreten: neue Bundesländer am 3.10.1990, alte Bundesländer am 1.1.1991
- Perspektivenwechsel („Prävention vor Intervention")
- teilweise neue Leistungen der Kinder- und Jugendhilfe
- Einbeziehung von seelisch behinderten sowie ausländischen jungen Menschen und jungen Volljährigen in das SGB VIII
- Konzentration der Aufgaben im Wesentlichen bei Jugendämtern
- Neuregelungen im Verwaltungsverfahren und Sozialdatenschutz

Weitere Reformansätze und zahlreiche Änderungsgesetze seit 1992:
- 1992 Kindergartenrechtsanspruch (Übergangsregelungen bis 1998)
- 1999 Neuregelung der Entgeltfinanzierung (§§ 78a ff SGB VIII)
- 2005 Tagesbetreuungsausbaugesetz (TAG)
- 2005 Kinder- und Jugendhilfeweiterentwicklungsgesetz (KICK)
- 2008 Kinderförderungsgesetz (KiföG)

Literatur

Bringewat, P. (2006): Schutzauftrag bei Kindeswohlgefährdung (§ 8a SGB VIII) und strafrechtliche Garantenhaftung in der Kinder- und Jugendhilfe

Deutscher Städtetag (2004): Strafrechtliche Relevanz sozialarbeiterischen Handelns. ZfJ, 187

Deutscher Verein für öffentliche und private Fürsorge (2006): Empfehlungen zur Umsetzung des § 8a SGB VIII, NDV 494

Gernert, W. (2001): Beteiligung von Kindern und Jugendlichen in der Jugendhilfe, § 8 SGB VIII

Hasenclever, C. (1978): Jugendhilfe und Jugendgesetzgebung seit 1900

Hoppensack, H.-Chr. (2007): Kevins Tod – ein Beispiel für missratene Kindeswohlsicherung, UJ, 290

Institut für Sozialarbeit und Sozialpädagogik (Hrsg.) (2008): Vernachlässigte Kinder besser schützen

Jordan, E. (Hrsg.) (2006): Kindeswohlgefährdung

Kindler, H. et al. (2006): Handbuch Kindeswohlgefährdung nach § 1666 BGB und Allgemeiner Sozialer Dienst (ASD)

Kunkel, P.-Chr. (2006b): Schnittstellen zwischen Jugendhilfe (SGB VIII), Grundsicherung (SGB II) und Arbeitsförderung (SGB III)

Münder, J. (2001a): Für wen gilt das Kinder- und Jugendhilferecht?

– (2007b): Untersuchungen zu den Vereinbarungen zwischen den Jugendämtern und den Trägern von Einrichtungen und Diensten nach § 8a Abs. 2 SGB VIII

Fall 2: Wunsch- und Wahlrechte

Die allein sorgeberechtigte Mutter (M) lebt im Landkreis L. Sie hat drei Kinder: den vierjährigen Sohn Stefan (St), die geistig behinderte 13-jährige Tochter Tina (T) und den 17-jährigen Sohn Siegfried (S).

1. M möchte St in einem Kindergarten unterbringen. In der Kleinstadt, in der M und ihre Kinder leben, gibt es in erreichbarer Nähe vier Kindergärten, und zwar zwei in evangelischer und zwei in kommunaler Trägerschaft. Da M streng katholisch ist, beantragt sie beim JA des Landkreises L, dafür zu sorgen, dass St einen Platz in einem Kindergarten in katholischer Trägerschaft erhält.

2. T ist seit mehreren Jahren in einem Heim für geistig behinderte Kinder untergebracht. Die Unterbringung ist seitens des Sozialamts in die Wege geleitet worden, das sich nach Auffassung von M aber nicht ausreichend um T kümmert. M beantragt deshalb beim JA, dass sich dieses „mit seinen vielen tüchtigen Sozialarbeiterinnen" Ts annehmen und T in einer Einrichtung der Kinder- und Jugendhilfe unterbringen möge. Wie ist die Rechtslage?

3. S ist Auszubildender in einer 50 km von Ms Wohnort entfernten Stadt desselben Landkreises. Dort gibt es zwei Heime für Auszubildende. S möchte unbedingt in das komfortablere Heim eines privaten Trägers; dort ist die Unterbringung jedoch um 50% teurer als im Heim der Arbeiterwohlfahrt. Was nun?

3 Aufgaben der Kinder- und Jugendhilfe

3.1 Leistungen und andere Aufgaben (§§ 2, 9)

Aufgaben der Jugendhilfe sind gemäß § 2 Abs. 1 zum einen „Leistungen" und zum anderen „andere Aufgaben" zugunsten junger Menschen und ihrer Familien. Der Gesetzgeber hat es dem Rechtsanwender sehr einfach gemacht: Er hat in § 2 Abs. 2 und 3 alle Leistungen und anderen Aufgaben der Jugendhilfe präzise aufgelistet und zugleich in Klammerzusätzen die jeweils relevanten Paragrafen (§§ 11 bis 41 bzw. 42 bis 60) benannt. Ein Blick in § 2 bietet sich deshalb für alle an, die sich zunächst einen Überblick über die eventuell relevanten Leistungen oder anderen Aufgaben verschaffen wollen, um dann „gezielt" auf die im Einzelfall in Betracht kommenden Rechtsvorschriften zugehen zu können.

3.1.1 Leistungen der Kinder- und Jugendhilfe

Leistungen der (Kinder- und) Jugendhilfe sind die in § 2 Abs. 2 Nr. 1 bis 6 stichwortartig benannten Angebote und Hilfen nach dem zweiten Kapitel des SGB VIII, dem „Leistungskapitel". Die einzelnen Vorschriften der §§ 11 bis 41 werden in den folgenden Kapiteln 4 bis 9 dargestellt.

Leistungen der Kinder- und Jugendhilfe nach dem SGB VIII sind Sozialleistungen im Sinne vom § 11 SGB I. Insbesondere handelt es sich um Dienstleistungen, bei denen persönliche und erzieherische Hilfen der Sozialpädagogik und Sozialarbeit im Vordergrund stehen, sowie Geldleistungen, z. B. für den Unterhalt nach § 39. Man kann Leistungen aus Sicht der Familie und des Elternrechts (vgl. 1.2) untergliedern in

- Familien unterstützende Leistungen (insbesondere nach §§ 16 bis 21),

- Familien ergänzende Leistungen (§§ 22 bis 26, 11 bis 15, 27 bis 32) sowie
- Familien ersetzende Leistungen (§§ 33 bis 35).

Leistungen der Kinder- und Jugendhilfe werden gemäß § 3 Abs. 1 von Trägern der freien und der öffentlichen Jugendhilfe nach den in Kapitel 1.3 erläuterten Rechtsprinzipien erbracht.

3.1.2 Andere Aufgaben der Jugendhilfe

Andere Aufgaben der (Kinder- und) Jugendhilfe sind die in § 2 Abs. 3 Nr. 1 bis 13 bezeichneten Aufgaben. Auch diese Auflistung ist sehr übersichtlich gestaltet und wiederum mit Paragrafenangaben versehen (§§ 42 bis 60). Die „anderen Aufgaben" nach § 2 Abs. 3 Nr. 1 bis 13 folgen nicht ein und denselben Strukturprinzipien wie die Leistungen; sie stellen gewissermaßen eine „wenig homogene Restkategorie" dar (Wiesner 2006, § 2 Rdnr. 13). Sie umfassen im Wesentlichen

- hoheitliche Aufgaben zum Schutz von Kindern und Jugendlichen (insbesondere §§ 42 bis 49),
- die Mitwirkung der Jugendhilfe in gerichtlichen Verfahren (§§ 50 bis 52) einschließlich der Aufgaben Beistandschaft, Pflegschaft und Vormundschaft (§§ 52a bis 58a) sowie
- rein administrative öffentliche Aufgaben wie Beurkundung, Beglaubigungen, vollstreckbare Urkunden (§§ 59, 60).

Anders als bei den Leistungen besteht hier eine umfassende Wahrnehmungsverpflichtung der Träger der öffentlichen Jugendhilfe, ggf. mit Beteiligungsmöglichkeit der Träger der freien Jugendhilfe in Teilbereichen (vgl. §§ 4 Abs. 3, 76 sowie 1.3.3 und 10.1).

3.1.3 Weitere gesetzliche Verpflichtungen

Daneben bestehen innerhalb und außerhalb des SGB VIII zahlreiche weitere gesetzliche Verpflichtungen der Kinder- und Jugendhilfe, insbesondere der Jugendämter. Zu verweisen ist insbesondere auf die §§ 69 ff, §§ 74 ff, 79 ff, §§ 89 ff, 90 ff. Außerdem gibt es

Aufgaben der Kinder- und Jugendhilfe u. a. nach dem AdVermiG, dem JuSchG und aufgrund Landesrechts.

3.1.4 Grundrichtung der Erziehung, Gleichberechtigung von Mädchen und Jungen

Gemäß § 9 sind bei der Ausgestaltung der Leistungen und der Erfüllung der anderen Aufgaben auch die folgenden, sehr allgemein formulierten Aspekte zu beachten:

- Grundrichtung der Erziehung (§ 9 Nr. 1),
- selbstständiges Handeln junger Menschen, Berücksichtigung sozialer Verhältnisse (§ 9 Nr. 2),
- Berücksichtigung unterschiedlicher Lebenslagen von Mädchen und Jungen (§ 9 Nr. 3).

3.2 Objektive Rechtsverpflichtungen und subjektive Rechtsansprüche

> **Übersicht 15**
>
> **Es gibt objektive Rechtsverpflichtungen und subjektive Rechtsansprüche nach dem SGB VIII:**
>
> **1.** Objektive Rechtsverpflichtungen der Träger der öffentlichen Jugendhilfe („Perspektive des Staates") in Form von
> 1.1 Mussbestimmungen („muss", „hat", „ist", „sind"), z. B. § 11 Abs. 1,
> 1.2 Sollbestimmungen („soll" = in der Regel „muss"), z. B. § 13 Abs. 1,
> 1.3 Kannbestimmungen („kann", „können"), z. B. § 13 Abs. 3.
> **2.** Subjektive, einklagbare Rechtsansprüche von jungen Menschen/Personensorgeberechtigten („Perspektive des Bürgers"), die mit objektiven Rechtsverpflichtungen korrespondieren können, aber nicht korrespondieren müssen, ggf. in Form von
> 2.1 unbedingten Rechtsansprüchen, z. B. § 24 Abs. 1 Satz 1,
> 2.2 Regel-Rechtsansprüchen, z. B. § 41 Abs. 1,
> 2.3 Rechtsansprüchen auf ermessensfehlerfreie Entscheidung, z. B. § 75 Abs. 1.

Die Unterscheidung zwischen objektiven Rechtsverpflichtungen der Träger der öffentlichen Jugendhilfe und subjektiven Rechtsansprüchen (siehe Übersicht 15) junger Menschen oder Personensorgeberechtigter ist für das SGB VIII von grundlegender Bedeutung. Objektive Rechtsverpflichtungen stellen gleichsam „staatsinterne Verpflichtungen" dar. Die Erfüllung derselben ist allein Sache der öffentlichen Träger, die hier allenfalls der Rechtsaufsicht unterliegen (siehe auch 3.3). Demgegenüber kann der Bürger (nur!) subjektive Rechtsansprüche einklagen und damit ggf. vor den Verwaltungsgerichten gegenüber den Trägern der öffentlichen Jugendhilfe durchsetzen.

Objektive Rechtsverpflichtungen im Kinder- und Jugendhilferecht sind (objektive) gesetzliche oder sonstige rechtliche Verpflichtungen der Träger der öffentlichen (nicht: der freien!) Kinder- und Jugendhilfe in Form von Leistungsverpflichtungen oder Aufgabenzuweisungen in den jeweiligen Paragrafen des SGB VIII. Die sehr unterschiedlichen objektiven Verpflichtungen des SGB VIII können als „Muss-", „Soll-" oder „Kannbestimmungen" ausgestaltet sein. Mussbestimmungen („muss", „hat", „ist", „sind") beinhalten unbedingte Leistungsverpflichtungen des öffentlichen Trägers. Sollbestimmungen („soll", „sollen") bedeuten – abgesehen von atypischen Ausnahmefällen – in der Regel ebenfalls „muss": Der Träger der öffentlichen Jugendhilfe ist also auch hier – abgesehen von atypischen Ausnahmefällen – regelmäßig zum Handeln verpflichtet, während bei Kannbestimmungen („kann", „können") Entscheidungen nach pflichtgemäßem Ermessen des öffentlichen Trägers zu treffen sind.

Subjektive Rechtsansprüche („Anspruch") sind demgegenüber (vor den Verwaltungsgerichten) einklagbare subjektiv-öffentliche Rechte von Kindern, Jugendlichen, jungen Volljährigen oder von Personensorgeberechtigten oder von Trägern der freien Kinder- und Jugendhilfe gegenüber den Trägern der öffentlichen Kinder- und Jugendhilfe auf Gewährung einer Leistung, einer Förderung oder auf Vornahme oder Unterlassung einer sonstigen Handlung, z. B. auf Abschluss eines Vertrages.

Objektive Rechtsverpflichtungen stellen also gleichsam die „Perspektive des Staates", subjektive Rechtsansprüche die „Perspektive des Bürgers" dar.

Mit Rechtsansprüchen korrespondieren immer objektive Rechtsverpflichtungen des jeweiligen Trägers der öffentlichen Jugendhilfe. Andererseits beinhalten Rechtsverpflichtungen keinesfalls immer Rechtsansprüche. Übersicht 16 zeigt, wann (einklagbare!) subjektive Rechtsansprüche bestehen.

> **Rechtsansprüche nach dem SGB VIII ergeben sich**
>
> 1. entweder explizit aus dem Text der jeweiligen Norm des SGB VIII („hat/haben Anspruch")
> 2. oder ggf. aufgrund einer Auslegung der Norm. Sie folgen also nicht „automatisch" aus objektiven Rechtsverpflichtungen!
>
> Für den Fall, dass die jeweilige Norm des SGB VIII nicht eindeutig ist, gelten für die Begründung von Rechtsansprüchen durch Auslegung (siehe 2.) folgende Grundsätze:
>
> 2.1 Die Norm muss eine objektiv-rechtliche Verpflichtung eines Trägers der öffentlichen Kinder- und Jugendhilfe enthalten.
> 2.2 Der Tatbestand dieser Norm muss hinreichend präzise bestimmt sein.
> 2.3 Die Norm soll nicht nur öffentlichen Interessen, sondern zumindest auch den Interessen von jungen Menschen und/oder Personensorgeberechtigten (im Sinne der so genannten Schutznorm- oder Schutzzwecktheorie) zu dienen bestimmt sein.
> 2.4 Die Normadressaten müssen individualisierbar oder zumindest als „kleine Gruppe abgrenzbar" sein. Die jeweilige Norm darf sich z. B. nicht (nur) an „alle jungen Menschen" richten.

Übersicht 16

Bei der Auslegung der jeweiligen – sofern nicht eindeutigen – Rechtsnormen des SGB VIII (siehe Übersicht 16) sind u. a. zugrunde zu legen bzw. zu berücksichtigen: die in der Rechtswissenschaft üblichen Auslegungsmethoden (nach Wortlaut, Entstehungsgeschichte, Ziel/Zweck oder Systematik der Norm) sowie die Grundrechte und Wertentscheidungen des Grundgesetzes.

3.3 Fachaufsicht und Rechtsaufsicht

Es ist bereits darauf hingewiesen worden, dass die (kommunalen) Träger der öffentlichen Kinder- und Jugendhilfe bei der Wahrnehmung der Aufgaben nach dem SGB VIII einer Rechtsaufsicht unterliegen. Übersicht 17 zeigt den Unterschied zwischen Rechtsaufsicht und Fachaufsicht.

> **Fachaufsicht und Rechtsaufsicht** *Übersicht 17*
>
> 1. Fachaufsicht bedeutet: sachlich-inhaltliche Kontrolle (auch unter reinen Zweckmäßigkeitsgesichtspunkten) des Verwaltungshandelns einer Behörde durch Verwaltungsvorschriften oder Einzelweisungen einer höheren Behörde, typischerweise im Bereich der Landesverwaltung mit mehrstufigem Behördenaufbau.
> 2. Rechtsaufsicht bedeutet: Kontrolle des Verwaltungshandelns einer Behörde allein unter rechtlichen Gesichtspunkten, zumeist durch die so genannte Rechtsaufsichts- oder Kommunalaufsichtsbehörde.

Da die kommunalen Träger der öffentlichen Jugendhilfe bzw. die JÄer das SGB VIII als Selbstverwaltungsangelegenheit ausführen, unterstehen sie insoweit keiner höheren Behörde (des Landes) und unterliegen deshalb keiner Fachaufsicht, insbesondere auch nicht einer Aufsicht durch das LJA!

Sie unterliegen als Träger „mittelbarer Staatsverwaltung" aber einer Rechtsaufsicht durch den Staat, d. h. durch die Kommunalaufsichtsbehörden (in der Regel sind dies die Regierungspräsidien). Diese können das Verwaltungshandeln der JÄer bei der Ausführung des SGB VIII kontrollieren, allerdings nur mit Blick darauf, ob diese gegen gesetzliche Regelungen des SGB VIII verstoßen oder dieses nicht angewendet haben (siehe dazu Fall 3).

3.4 Dreiecksverhältnis

Am Ende der drei ersten Kapitel dieses Buches über Grundsätze und Strukturprinzipien des Kinder- und Jugendhilferechts nach dem SGB VIII soll zusammenfassend das rechtliche Verhältnis zwischen jungen Menschen und Personensorgeberechtigten, den Trägern der öffentlichen Jugendhilfe und den Trägern der freien Jugendhilfe in den Blick genommen werden. Dabei besteht häufig das so genannte sozial- oder jugendhilferechtliche Dreiecksverhältnis (siehe Abbildung 1).

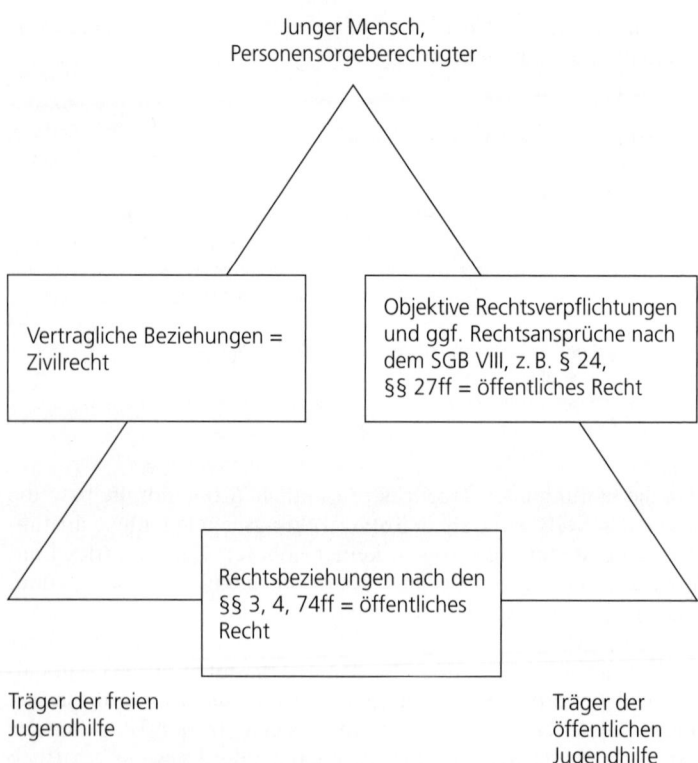

Abb. 1: Das sozial- oder jugendhilferechtliche Dreiecksverhältnis

Dieses Dreiecksverhältnis besteht bei Leistungen, mitunter auch bei anderen Aufgaben der Kinder- und Jugendhilfe nach dem SGB VIII (im Einzelnen Wabnitz 2004b, 76).

📖 Literatur

Mrozynski, P. (1999): Der Rechtsanspruch auf Leistungen im Kinder- und Jugendhilferecht

Münder, J. (2001): Leistungen der Kinder- und Jugendhilfe – Rechtsansprüche für Bürger? Zu den Rechtsansprüchen im Kinder- und Jugendhilferecht

Wabnitz, R. J. (2005): Rechtsansprüche gegenüber Trägern der öffentlichen Kinder- und Jugendhilfe nach dem Achten Buch Sozialgesetzbuch (SGB VIII)

Fall 3: Das untätige Jugendamt

Im Bereich des JA der Stadt X wird überhaupt keine öffentlich geförderte Jugendarbeit mehr durchgeführt, weil sich Jugendarbeit nach Auffassung des JA und des Sozialdezernenten nicht bewährt habe, „nichts bringe" oder sie „kriminelle Verhaltensweisen" von Jugendlichen fördere. Die beiden 17-jährigen A und B sind empört und beraten mit ihren Eltern darüber, an wen sie sich mit Aussicht auf Erfolg wenden könnten.

4 Förderung der Erziehung in der Familie

„Prävention vor Intervention" bzw. „Hilfe vor Eingriff" sind zentrale Paradigmen des SGB VIII. Daher liegt es nahe, dass der Gesetzgeber in besonderer Weise „präventive" Leistungen zugunsten der Familie in den Blick genommen hat, und zwar insbesondere in §§ 16, 17 und 18, ergänzt um Bestimmungen nach den §§ 19 bis 21 für „immer kleiner werdende Adressatenkreise". Die Regelungen der §§ 16 bis 21 sind sehr unterschiedlicher Rechtsnatur und beinhalten sowohl (rein) objektiv-rechtliche Leistungsverpflichtungen der Träger der öffentlichen Jugendhilfe als auch (zu erheblichen Teilen) subjektive Rechtsansprüche.

4.1 Allgemeine Förderung der Erziehung in der Familie (§ 16)

Allgemeine Förderung der Erziehung in der Familie (§ 16) *Übersicht 18*

1. Adressatenkreis: Mütter, Väter, andere Erziehungsberechtigte und junge Menschen (Abs. 1 Satz 1)
2. Tatbestandsvoraussetzungen: die Leistungen nach § 16 Abs. 1 sollen
2.1 dazu beitragen, die Erziehungsverantwortung besser wahrnehmen zu können (Satz 2);
2.2 Wege aufzeigen, wie Konfliktsituationen in der Familie gewaltfrei gelöst werden können (Satz 3).
3. Rechtsfolge: Angebot von Leistungen der allgemeinen Förderung der Erziehung in der Familie (Abs. 1 Satz 1), insbesondere gemäß Abs. 2:
3.1 Angebote der Familienbildung (Nr. 1),
3.2 der Beratung (Nr. 2),

3.3 der Familienfreizeit und -erholung, insbesondere in belastenden Familiensituationen (Nr. 3), jeweils nach näherer Regelung durch Landesrecht (Abs. 3).
4. Rechtscharakter:
4.1 objektiv-rechtliche Sollbestimmung
4.2 ohne Rechtsanspruch

Leistungsverpflichtungen nach § 16 (siehe Übersicht 18) richten sich – wie auch sonst (vgl. § 3 Abs. 2 Satz 2!) – nur an den Träger der öffentlichen Jugendhilfe. Leistungen werden aber häufig auch von Trägern der freien Jugendhilfe erbracht, vorrangig in Familienbildungs-, Familienfreizeit- und Familienerholungsstätten und in Beratungsstellen. Mit der objektiv-rechtlichen Sollbestimmung des § 16 Abs. 1 Satz 1 korrespondiert nahezu unstrittig kein subjektiver Rechtsanspruch, da sowohl der Adressatenkreis der Norm völlig unbestimmt ist als auch die Tatbestandsvoraussetzungen nur sehr allgemein formuliert sind (siehe 3.2). Da die Mehrzahl der Länder bislang auch nicht ihrer Verpflichtung nachgekommen ist, gemäß § 16 Abs. 3 Näheres über Inhalt und Umfang der Aufgaben durch Landesrecht zu regeln, stellt sich das tatsächlich angebotene Leistungsspektrum vor Ort bedauerlicherweise sehr unterschiedlich dar.

4.2 Beratung in Fragen der Partnerschaft, Trennung und Scheidung (§ 17)

Völlig anders ist dies bei § 17 (siehe Übersicht 19), da das SGB VIII in Abs. 1 explizit einen klaren (Rechts-)Anspruch auf Beratung einräumt.

Beratung in Fragen der Partnerschaft, Trennung und Scheidung (§ 17)

Übersicht 19

1. Adressatenkreis: Mütter und Väter
2. Tatbestandsvoraussetzungen (Abs. 1):
2.1 Mütter und/oder Väter sind Inhaber des elterlichen Sorgerechts oder sorgen tatsächlich für ein Kind/Jugendlichen

> 2.2 die Beratung soll helfen (Satz 2),
> – ein partnerschaftliches Zusammenleben in der Familie aufzubauen (Nr. 1),
> – Konflikte und Krisen in der Familie zu bewältigen (Nr. 2) oder
> – im Falle der Trennung oder Scheidung die Bedingungen für eine dem Wohl des Kindes oder des Jugendlichen förderliche Wahrnehmung der Elternverantwortung zu schaffen (Nr. 3).
> **3.** Rechtsfolgen:
> 3.1 Beratung im Rahmen der Kinder- und Jugendhilfe (Abs. 1),
> 3.2 im Falle von Trennung oder Scheidung: Unterstützung bei der Entwicklung eines einvernehmlichen Konzepts für die Wahrnehmung der elterlichen Sorge (Abs. 2)
> **4.** Rechtscharakter:
> 4.1 objektiv-rechtliche Mussbestimmung
> 4.2 (expliziter) Rechtsanspruch

4.2.1 Adressatenkreis und Ziele der Beratung nach § 17

Zum Adressatenkreis der Norm gehören sowohl (verheiratete oder nicht verheiratete) Mütter und/oder Väter, die Inhaber des elterlichen Sorgerechts nach dem BGB sind (§§ 1626 ff BGB), als auch solche, die – ohne Sorgerecht – tatsächlich für das Kind oder den Jugendlichen sorgen, z. B. Väter bei Alleinsorge der Mutter. Maßgebliches Ziel der Beratung ist das Wohl der Kinder und Jugendlichen, deren Eltern „Konflikt mindernd" im Sinne der „Eskalationsstufen" nach Abs. 1 Satz 2 Nr. 1, 2 und 3 beraten und ggf. unterstützt werden sollen. Inhaber des Beratungsanspruchs nach § 17 Abs. 1 sind die Eltern und nicht die Kinder oder Jugendlichen, die jedoch nach § 17 Abs. 2 zu beteiligen sind.

4.2.2 Angebote der Beratung

§ 17 Abs. 1 bezieht sich auf Angebote „im Rahmen der Jugendhilfe", nicht auf solche, die – trotz gelegentlicher Überschneidungen – in anderen institutionellen Feldern, z. B. der Erwachsenenbildung (an Volkshochschulen), angesiedelt sind. Tatsächlich werden die Angebote nach § 17 sowohl von Trägern der freien als auch der öffentlichen Jugendhilfe (dort häufig auch innerhalb des Allgemeinen Sozialen Dienstes) unterbreitet.

4.2.3 Verknüpfung mit anderen Gesetzen

§ 17 ist auch mit dem BGB und dem Zivilverfahrensrecht verknüpft. Fragen der elterlichen Sorge sind, wie bereits ausgeführt, in den §§ 1626 ff BGB geregelt. Auch im Falle von Trennung und Scheidung der Eltern besteht das (zuvor begründete) gemeinsame elterliche Sorgerecht fort, sofern nicht einem Elternteil auf Antrag und aufgrund von § 1671 Abs. 2 BGB durch das Familiengericht das alleinige Sorgerecht übertragen wird. Das Ziel, „einvernehmliche Sorgerechtsregelungen" zu erreichen, die für das Kindeswohl zumeist das Beste bedeuten, prägt maßgeblich sowohl das BGB (§ 1671), das Gesetz über die Angelegenheiten der freiwilligen Gerichtsbarkeit (§§ 52, 52a FGG) als auch das SGB VIII (§ 17 Abs. 2).

Um frühzeitig die Erarbeitung einvernehmlicher Sorgerechtskonzepte in Angriff nehmen zu können, haben die für Scheidungsangelegenheiten zuständigen Familiengerichte gemäß § 17 Abs. 3 i. V. m. § 622 Abs. 2 Satz 1 ZPO dem JA mitzuteilen, dass dort ein Antrag auf Ehescheidung eingegangen ist – und damit das JA die Eltern sodann über das Leistungsangebot nach § 17 Abs. 2 unterrichten kann.

4.3 Beratung und Unterstützung bei der Ausübung der Personensorge und des Umgangsrechts (§ 18)

In § 18 sind fünf weitere explizite Rechtsansprüche enthalten (siehe Übersicht 20).

Rechtsansprüche auf Beratung und Unterstützung nach § 18 haben gemäß: *Übersicht 20*

1. Abs. 1 Nr. 1 und 2: alleinerziehende Mütter und Väter (mit oder ohne Sorgerecht)
1.1 bei der Ausübung der Personensorge (§§ 1626 ff, 1671 ff BGB)

52 Förderung der Erziehung in der Familie

> 1.2 bei der Geltendmachung von Unterhaltsansprüchen des Kindes oder Jugendlichen (§§ 1601 ff BGB)
> 1.3 bei der Geltendmachung von Unterhaltsersatzansprüchen (UVG, Waisenrente, SGB XII)
> 1.4 sowie bei der Geltendmachung von Unterhaltsansprüchen aus Anlass der Geburt (§ 1615 l BGB)
> **2.** Abs. 2: Mütter und Väter hinsichtlich der Abgabe von Sorgeerklärungen (nach § 1626a Abs. 1 Nr. 1, §§ 1626b ff BGB)
> **3.** Abs. 3 Satz 1, 2: Kinder und Jugendliche bei der Ausübung von Umgangsrechten (§§ 1684, 1685 BGB)
> **4.** Abs. 3 Satz 3: Eltern und andere Umgangsberechtigte bei der Ausübung von Umgangsrechten (§§ 1684, 1685 BGB)
> **5.** Abs. 4: junge Volljährige bis unter 21 Jahren bei der
> 5.1 Geltendmachung von Unterhaltsansprüchen (§§ 1601 ff BGB) oder von
> 5.2 Unterhaltsersatzansprüchen (z. B. Renten, SGB XII)

§ 18 nimmt stichwortartig Bezug auf ganze Kapitel des 4. Buches des BGB (Familienrecht) und auf weitere Gesetze, deren Inhalte hier nicht im Einzelnen dargestellt werden können (dazu ausführlich Wabnitz 2006a). § 18 ist – wie viele andere Regelungen des SGB VIII auch – ein Beispiel für die Verknüpfungen von BGB/Familienrecht (Zivilrecht) und SGB VIII (öffentliches Recht).

4.4 Gemeinsame Wohnformen für Mütter/Väter und Kinder (§ 19)

§ 19 beinhaltet eine objektiv-rechtlich formulierte Sollleistung für einen wesentlich kleineren Adressatenkreis als bei den §§ 16 bis 18, nämlich für alleinerziehende Mütter oder Väter (mit oder ohne Sorgerecht!) mit kleinen Kindern (siehe Übersicht 21).

> **Gemeinsame Wohnformen für Mütter/Väter und Kinder (§ 19)**
>
> *Übersicht 21*
>
> **1.** Adressatenkreis: alleinerziehende Mütter oder Väter (mit oder ohne Sorgerechte), ggf. auch Schwangere

2. Tatbestandsvoraussetzungen:
2.1 Personensorgerecht oder tatsächliche Personensorge für ein Kind unter sechs Jahren; unproblematisch ist es, wenn (auch) ältere Geschwister vorhanden sind
2.2 Notwendigkeit der Unterstützung in einer geeigneten Wohnform
2.3 Kausale und zeitliche Notwendigkeit nach 2.2 aufgrund der Persönlichkeitsentwicklung der/des Alleinerziehenden (nicht ausreichend: allein aufgrund familiärer, beruflicher oder sozialer Umstände)
3. Rechtsfolgen
3.1 Betreuung in einer geeigneten Wohnform mit dem Kind, z. B. Mutter-Kind-Heim, Außenwohngruppe (Abs. 1)
3.2 Hinwirken auf schulische oder berufliche Ausbildung oder Berufstätigkeit (Abs. 2)
3.3 Unterhalt und Krankenhilfe (Abs. 3)
4. Rechtscharakter
4.1 objektiv-rechtliche Sollbestimmung
4.2 strittig, ob auch subjektiver Regel-Rechtsanspruch; m. E.: ja

Die angestrebte Verbesserung der Lage der zumeist jungen Mütter oder (selten) Väter soll unmittelbar dem Kind zugute kommen, denn der Aufenthalt in einer fachlich qualifiziert betreuten Wohnform für Mütter/Väter und Kinder in einer für sie zumeist mehrfach belasteten Lebenssituation soll den Kindern den familialen Lebensraum erhalten. Die Hilfe kann gemäß § 19 Abs. 1 Satz 3 bereits Schwangeren gewährt werden. Leistungen nach § 19 gehören zu den kostenintensivsten Hilfearten nach dem SGB VIII.

Entscheidende Voraussetzung ist, dass der alleinerziehende Elternteil aufgrund seiner Persönlichkeitsentwicklung einer Hilfe nach § 19 bedarf und insoweit unterstützungsbedürftig ist. Dies ist dann der Fall, wenn er/sie noch nicht ohne eine solche Hilfe emotional, intellektuell und/oder materiell dazu in der Lage ist, das Leben zu meistern und zugleich Erziehungsverantwortung für das Kind zu übernehmen, typischerweise also bei fehlender allgemeiner Reife, psychischer Überforderung, mangelnder Belastbarkeit oder wirtschaftlicher Unselbstständigkeit etwa bei fehlender Ausbildung. Familiäre, soziale und berufliche Gründe allein reichen insoweit nicht aus.

§ 19 beinhaltet eine (objektive) Sollverpflichtung des Trägers der öffentlichen Jugendhilfe auf Betreuung in einem Mutter-Kind-Heim oder in einer geeigneten Einrichtung des betreuten Wohnens (Abs. 1), ggf. verbunden mit Hilfen zur Ausbildung (Abs. 2) bzw. Unterhalt und Krankenhilfe (Abs. 3). Strittig ist, ob damit auch ein subjektiver (Regel-)Rechtsanspruch korrespondiert (vgl. dazu Fall 4 sowie Wabnitz 2005, 163–166 m. w. N.).

4.5 Betreuung und Versorgung des Kindes in Notsituationen (§ 20)

Bei bestimmten Notsituationen sollen durch das zuständige JA Leistungen nach § 20 – nachrangig gegenüber Leistungen nach den §§ 22 ff und nach anderen Sozialleistungsgesetzen (§ 10 Abs. 1) – gewährt werden, wenn die in Übersicht 22 genannten acht (!) Voraussetzungen erfüllt sind.

Betreuung und Versorgung des Kindes in Notsituationen (§ 20)

Übersicht 22

1. Adressatenkreis: Eltern mit Kindern
2. Tatbestandsvoraussetzungen
2.1 Es geht um Kinder (unter 14 Jahren).
2.2 Diese leben im Haushalt der Eltern.
2.3 Der (überwiegend) betreuende Elternteil fällt für die Betreuung und Versorgung aus.
2.4 Dies geschieht aus gesundheitlichen oder anderen zwingenden Gründen, z. B. Krankheit, Kur, Tod, Drogen-, Alkoholabhängigkeit, Haft. (Strittig ist, ob auch die Aufnahme einer Berufsausbildung, -tätigkeit durch den überwiegend betreuenden Elternteil als zwingender Grund angesehen werden soll.)
2.5 Der andere Elternteil ist wegen berufsbedingter Abwesenheit nicht in der Lage, das Kind zu betreuen.
2.6 Deshalb ist eine Hilfeleistung notwendig, um das Wohl des Kindes zu gewährleisten.
2.7 Angebote in Tageseinrichtungen oder in Tagespflege reichen nicht aus.

2.8 Es bestehen keine vorrangigen Leistungsangebote (§ 10 Abs. 1), z. B. der Kranken-, Renten-, Unfallversicherung oder Arbeitsförderung, z. B. auf Haushaltshilfe.
3. Rechtsfolgen
3.1 Unterstützung des anderen Elternteils bei der Betreuung und Versorgung des Kindes (Abs. 1), um dem Kind den familialen Lebensraum zu erhalten.
3.2 Betreuung und Versorgung des Kindes im elterlichen Haushalt (Abs. 2).
4. Rechtscharakter
4.1 objektiv-rechtliche Sollbestimmung
4.2 strittig, ob auch subjektiver Regel-Rechtsanspruch; m. E. ja

Strittig ist zum einen, ob „andere zwingende Gründe" im Sinne von § 20 Abs. 1 auch die Aufnahme einer Berufsausbildung oder -tätigkeit durch den (überwiegend) betreuenden Elternteil darstellen. Meines Erachtens ist dies zu verneinen. Hier muss der Wunsch nach Ausbildung und Beruf hinter der Betreuung und Versorgung des Kindes – jedenfalls für eine gewisse Zeit – zurückstehen, bis ggf. Leistungen in Tageseinrichtungen für Kinder bzw. in Kindertagespflege (§§ 22 ff) zur Verfügung stehen. Auch ist bei geplanter Berufsausbildung oder Berufstätigkeit nicht per se eine „Notsituation" anzunehmen (ähnlich Kunkel 2006c, § 20 Rdnr. 3; Gaertner in Hauck/Noftz 2008, § 20 Rdnr. 7; eine andere Auffassung vertritt Schleicher in GK-SGB VIII, § 20 Rdnr. 9).

Strittig ist des Weiteren, ob mit den Sollleistungen nach § 20 auch subjektive Rechtsansprüche korrespondieren (Nachweise bei Wabnitz 2005, 166–169). Meines Erachtens ist dies hier eindeutig zu bejahen. Denn es gibt kaum eine präzisere und detailliertere Vorschrift des SGB VIII als § 20, dessen Adressatenkreis auch hinreichend bestimmbar ist. Es kommt hinzu, dass in Notsituationen eine Interpretation des § 20 auch im Sinne der Verfassungsbestimmung des Art. 6 Abs. 2 Satz 2 GG („Staatliches Wächteramt") geboten ist, so dass auch danach die Annahme eines subjektiven (Regel-)Rechtsanspruch nahe liegt.

4.6 Unterstützung bei notwendiger Unterbringung zur Erfüllung der Schulpflicht (§ 21)

§ 21 betrifft vor allem Artisten, Schausteller oder Binnenschiffer und den aus beruflichen Gründen ständigen Ortswechsel beider Eltern, so dass die Erfüllung der nach Landesrecht vorgeschriebenen Schulpflicht (neun oder zehn Jahre) bei ihren Kindern nicht sichergestellt und deshalb eine anderweitige Unterbringung notwendig ist. Für solche Fälle beinhaltet § 21 Satz 1 einen klaren gesetzlichen Rechtsanspruch auf Beratung und Unterstützung. Darüber hinaus „können" in geeigneten Fällen aufgrund der Ermessensvorschrift des § 21 Satz 2 auch die Kosten der Unterbringung (ggf. einschließlich Unterhalt und Krankenhilfe) übernommen werden.

Literatur

Barabas, F. (2003): Beratungsrecht
Deutscher Verein für öffentliche und private Fürsorge (2003): Unterstützung für Familien in Krisensituationen
Münder, J., Mutke, B. et al. (2007): Die Praxis des Kindschaftsrechts in Jugendhilfe und Justiz
Nothacker, G. (2002): Beratungspraxis Sozialleistungen
Proksch, R. (2001): Kooperative Vermittlung (Mediation) in streitigen Familiensachen
Wiesner, R. (1998): § 19 SGB VIII als Grundlage für die Hilfegewährung in gemeinsamen Wohnformen für Mütter/Väter und Kinder aus Sicht des Gesetzgebers

Fall 4: Alleinerziehende junge Mutter

Das Verhältnis der 16-jährigen Schülerin K, die im ersten Lehrjahr eine Berufsausbildung absolviert, zu ihren Eltern ist völlig zerrüttet. Nachdem sie dort zudem in sehr beengten Wohnverhältnissen gelebt hatte, hat sie sich vor einem halben Jahr ein möbliertes Zimmer genommen. Sie ist in ihrer Persönlichkeitsentwicklung aber noch in keiner Weise gefestigt und hat große Schwierigkeiten, den Alltag zu bewältigen. Nunmehr ist sie von dem 22-jährigen Bankangestellten Hans (H) schwanger. Welche Rechtsansprüche auf Leistungen (nur) nach den §§ 16 bis 21 SGB VIII hat K vor und nach der Geburt ihres Kindes?

5 Jugendarbeit, Jugendsozialarbeit, Kinder- und Jugendschutz

Adressaten der §§ 11 bis 15 sind im Wesentlichen – anders als bei den §§ 16 bis 21 – junge Menschen selbst, die sich im Verselbstständigungsprozess gegenüber ihren Eltern befinden oder diesen bereits abgeschlossen haben. §§ 11 ff beinhalten Infrastrukturbestimmungen, Aufgabenbeschreibungen, objektive Leistungsverpflichtungen und m. E. zum Teil auch subjektive Rechtsansprüche.

5.1 Jugendarbeit (§ 11)

5.1.1 Angebote, Rechtscharakter und wesentliche Strukturprinzipien

> **(Kinder- und) Jugendarbeit nach § 11 Abs. 1** *Übersicht 23*
>
> 1. Adressatenkreis: alle jungen Menschen unter 27 Jahren (Abs. 1 Satz 1), ggf. auch Erwachsene (Abs. 4)
> 2. Leistungsverpflichtung des Trägers der öffentlichen Jugendhilfe: Zurverfügungstellung der erforderlichen Angebote der Jugendarbeit
> 3. Rechtscharakter
> 3.1 objektiv-rechtliche Mussbestimmung
> 3.2 kein subjektiver Rechtsanspruch
> 4. wesentliche Strukturprinzipien
> 4.1 Freiwilligkeit
> 4.2 Anknüpfung an den Interessen junger Menschen
> 4.3 Mitbestimmung und Mitgestaltung (Partizipation)
> 4.4 Befähigung zur Selbstbestimmung
> 4.5 Anregung und Hinführung zu gesellschaftlicher Mitverantwortung und zu sozialem Engagement
> 4.6 Ziel: ganzheitliche Persönlichkeitsentwicklung

Die Jugendarbeit (Thole 2000) blickt seit Ende des 19. Jahrhunderts auf lange und vielfältige Traditionen und historische Entwicklungen zurück. Leistung der Jugendhilfe im Sinne von § 2 Abs. 2 Nr. 1 sowie von § 11 Abs. 1 Satz 1 ist nicht die Jugendarbeit als solche, sondern ist die Zurverfügungstellung und Nutzung der (überwiegend von freien, aber auch von öffentlichen Trägern unterbreiteten) „Angebote der Jugendarbeit". Es handelt sich dabei nicht um individuelle Dienst-, Sach- oder Geldleistungen, sondern um die Möglichkeit der Teilnahme an allgemein zugänglichen Veranstaltungen oder Maßnahmen oder die Möglichkeit der Nutzung von Diensten und Einrichtungen der Jugendarbeit (Wiesner/Struck 2006, § 11 Rdnr. 3).

Angebote der Jugendarbeit (früher: Jugendpflege) richten sich nicht (mehr) nur an Jugendliche, sondern auch an junge Volljährige und an (ältere) Kinder, so dass zu Recht zunehmend von „Kinder- und Jugendarbeit" gesprochen wird (Thole 2000). Ziel der Angebote nach § 11 Abs. 1 Satz 1 ist die Förderung der Entwicklung junger Menschen – gleichsam als Konkretisierung von § 1 Abs. 1 – zu eigenverantwortlichen und gemeinschaftsfähigen Persönlichkeiten (siehe Übersicht 23).

Angebote der Jugendarbeit „sind" zur Verfügung zu stellen. Adressat dieser Leistungsverpflichtung ist nach § 3 Abs. 2 Satz 2 allein der Träger der öffentlichen, nicht der freien Jugendhilfe. Die Gesetzesbestimmung des § 11 Abs. 1 Satz 1 ist unzweifelhaft eine „Mussbestimmung": Sie enthält eine klare und eindeutige objektive Leistungsverpflichtung des Trägers der öffentlichen Jugendhilfe, solche Angebote zur Verfügung zu stellen bzw. dafür zu sorgen, dass Angebote der Jugendarbeit in bedarfsgerechtem Umfang zur Verfügung gestellt werden. Es wäre eindeutig gesetzeswidrig, wenn keine oder nur völlig unzureichende Angebote unterbreitet würden (Jans u. a. 2008/Bernzen 2006, § 11 Rdnr. 9a). Allerdings korrespondiert nach nahezu einhelliger Auffassung wegen der mit Blick auf den Adressatenkreis und die konkreten Aufgaben im Einzelfall sehr unbestimmten Formulierungen in § 11 mit diesem kein (einklagbarer) subjektiver Rechtsanspruch (vgl. 3.2 sowie Nachweise bei Wabnitz 2005, 145–148).

In § 11 Abs. 1 Satz 2 werden des Weiteren mehrere grundlegende Rechts- und Strukturprinzipien der Jugendarbeit statuiert. Auf dem Prinzip der Freiwilligkeit basierende Angebote der Jugendarbeit sollen an den Interessen junger Menschen anknüpfen:

Praktisch gibt es kaum ein Interessengebiet, Hobby oder Arbeits- und Betätigungsfeld junger Menschen, das nicht Anknüpfungspunkt, inhaltlicher Schwerpunkt (vgl. § 11 Abs. 3) oder „Medium" von Angeboten der Jugendarbeit sein kann. Partizipation und Selbstbestimmung sind weitere wesentliche Strukturmaximen: Angebote der Jugendarbeit sollen von jungen Menschen maßgeblich (mit)bestimmt und (mit)gestaltet werden. Diese sollen des Weiteren – und dies macht ihren besonderen Wert auch für die Gesellschaft und das demokratische Gemeinwesen aus – zu gesellschaftlicher Mitverantwortung und zu sozialem Engagement anregen und hinführen. Aus §§ 11 und 1 SGB VIII lässt sich schließlich auch das Prinzip der Ganzheitlichkeit der (auf die Persönlichkeitsentwicklung junger Menschen insgesamt bezogenen) Angebote der Jugendarbeit entnehmen.

5.1.2 Anbieter, Adressaten und inhaltliche Schwerpunkte

Anbieter, Adressaten und inhaltliche Schwerpunkte der Kinder- und Jugendarbeit (§ 11 Abs. 2 und 3) *Übersicht 24*

1. Anbieter sind gemäß Abs. 2 Satz 1
1.1 Jugendverbände, -gruppen und -initiativen
1.2 andere Träger der freien (Kinder- und) Jugendhilfe, z. B. Wohlfahrtsverbände, Kirchen, Gewerkschaften, Träger von Jugendzentren, Bildungsstätten oder Träger der sportlichen oder der kulturellen Jugendbildung
1.3 kreisangehörige Gemeinden
1.4 Träger der öffentlichen (Kinder- und) Jugendhilfe
2. Adressaten der Angebote sind gemäß Abs. 2 Satz 2 (mit „Mischformen")
2.1 Mitglieder
2.2 Nichtmitglieder, insbesondere in der offenen Jugendarbeit
2.3 Junge Menschen im Rahmen von Angeboten der Gemeinwesenarbeit
3. inhaltliche Schwerpunkte: siehe insbesondere Abs. 3 Nr. 1 bis 6

Zu den inhaltlichen Schwerpunkten der (Kinder- und) Jugendarbeit gehören gemäß § 11 Abs. 3 Nr. 1 bis 6 (siehe Übersicht 24) beispielhaft (also nicht abschließend!) die folgenden Arbeitsfelder:

- Außerschulische Jugendbildung (Nr. 1) mit allgemeiner, politischer, sozialer, gesundheitlicher, kultureller, naturkundlicher und technischer Bildung. Der Bereich der außerschulischen Jugendbildung, den der Gesetzgeber nicht zufällig an die Spitze des genannten Schwerpunktekataloges gesetzt hat, ist seit Jahren das zentrale inhaltliche Thema der Jugendarbeit.
- Jugendarbeit in Sport, Spiel und Geselligkeit (Nr. 2). Nicht jede sportliche Betätigung ist per se schon Jugendarbeit. Hinzukommen muss die Zielsetzung sozialen Lernens im Sinne der anzustrebenden ganzheitlichen Persönlichkeitsentwicklung junger Menschen. Dennoch kann über die Zugehörigkeit von Vereinen zur Deutschen Sportjugend im Deutschen Sportbund ca. ein Drittel der jungen Generation zur „sportlichen Jugendbildung" gerechnet werden.
- Andere inhaltliche Schwerpunkte sind z.B. die arbeitswelt-, schul- und familienbezogene Jugendarbeit (Nr. 3), die internationale Jugendarbeit (Nr. 4), die Kinder- und Jugenderholung (Nr. 5), die Jugendberatung (Nr. 6). Des Weiteren zählen z.B. medienpädagogische Angebote, Mädchen- und Jungenarbeit, Jugendarbeit mit jungen Ausländern oder Aussiedlern, mit behinderten jungen Menschen sowie spezielle, z.B. gewaltpräventive Angebote für Fußballfans, Drogengefährdete, Jugendliche in Sekten und destruktiven Kulten oder in rechtsextremistischen/fremdenfeindlichen Milieus, dazu.

5.2 Förderung der Jugendverbände (§ 12)

5.2.1 Bedeutung und Rechtscharakter von § 12 Abs. 1

Der Gesetzgeber hat mit Blick auf deren herausragende Bedeutung den Jugendverbänden und Jugendgruppen als den wichtigsten Trägern der Jugendarbeit mit § 12 eine separate Gesetzesbestimmung gewidmet. Gemäß § 12 Abs. 1 „ist" deren „eigenverantwortliche Tätigkeit... unter Wahrung ihres satzungsgemäßen Eigenlebens nach Maßgabe des § 74 zu fördern." Diese klare Mussbestimmung beinhaltet bei Vorliegen der tatbestandlichen Voraussetzungen eine unbedingte Förderverpflichtung des Trägers der öffentlichen Jugendhilfe, die als lex specialis der Bestimmung des § 74 vorgeht (Wabnitz 2006b, § 12 Rdnr. 5; Wiesner 2006, § 12 Rdnr. 9).

5.2.2 Jugendverbände und Jugendgruppen nach § 12 Abs. 2

Wesentliche Prinzipien der inneren Struktur und Organisation von Jugendverbänden und Jugendgruppen nach § 12 Abs. 2 Satz 1 sind Selbstorganisation, gemeinschaftliche und demokratische Gestaltung und Mitverantwortung. Ihre Arbeit ist – im Gegensatz zu Initiativen der Jugend gemäß § 11 Abs. 2 Satz 1 – auf Dauer angelegt, traditionell primär auf die eigenen Mitglieder gerichtet, ggf. aber auch an Nichtmitglieder. Wichtig und auch praktisch bedeutsam ist das „Mandat" von Jugendverbänden und deren Zusammenschlüssen zur allgemeinen Vertretung von Anliegen und Interessen junger Menschen gemäß § 12 Abs. 2 Satz 2.

Die Vielfalt und Anzahl der Jugendverbände und Jugendgruppen lässt sich kaum überschauen und differiert von Ort zu Ort. Die Jugendverbände sind meist zwecks gemeinsamer Interessenvertretung in örtlichen Stadt- oder Kreisjugendringen zusammengeschlossen, die größeren Jugendverbände zudem mit ihren Verbänden auf Landesebene in den Landesjugendringen und ggf. auf Bundesebene im Deutschen Bundesjugendring. Die Organisationen der Sportlichen Jugendbildung sind – separat – in der Deutschen Sportjugend im Deutschen Olympischen Sportbund als der größten Jugendorganisation in Deutschland zusammengeschlossen. Weitere große Jugendverbände sind u. a. die Arbeitsgemeinschaft der Evangelischen Jugend Deutschlands, der Bund der Deutschen Katholischen Jugend, der Bund der Deutschen Landjugend, die Gewerkschaftsjugend, die Jugend des Bundes für Umwelt und Naturschutz Deutschland, die Naturfreundejugend Deutschlands, der Ring deutscher Pfadfinderverbände.

5.3   Jugendsozialarbeit (§ 13)

Der Begriff „Jugendsozialarbeit" ist nach dem Zweiten Weltkrieg vor dem Hintergrund der bedrückenden Not unzähliger junger Menschen entstanden. Jugendsozialarbeit will heute jungen Menschen durch ausdifferenzierte Angebote sozialpädagogischer Hilfen im Rahmen der Jugendhilfe Lebenshilfe leisten bei der Bewältigung von Problemen, die sich für sie u. a. während der Schule, beim Übergang von der Schule in die Berufsausbildung, während derselben und beim Übergang in die Arbeitswelt ergeben.

Jugendsozialarbeit, die sich häufig auch als „Dritte Säule" neben der Jugendarbeit nach § 11 (siehe 5.1) und den Hilfen zur Erziehung nach den §§ 27 ff (siehe Kapitel 7 bis 9) versteht, ist rechtssystematisch in der Tat zwischen den allgemeinen, sich grundsätzlich an alle jungen Menschen richtenden Angeboten der Jugendarbeit und den auf das einzelne Kind bzw. den einzelnen Jugendlichen bezogenen Hilfen zur Erziehung verortet.

5.3.1 Die Grundnorm des § 13 Abs. 1

Jugendsozialarbeit (§ 13)

Übersicht 25

1. Adressatenkreis: bestimmte Gruppen von jungen Menschen (siehe 2.)
2. Tatbestandsvoraussetzungen des § 13 Abs. 1
2.1 Es handelt sich um junge Menschen unter 27 Jahren (§ 7 Abs. 1 Nr. 4).
2.2 Soziale Benachteiligungen oder individuelle Beeinträchtigungen liegen vor.
2.3 Deshalb ist erhöhter Unterstützungsbedarf gegeben.
3. Rechtsfolge
Angebote von sozialpädagogischen Hilfen im Rahmen der Jugendhilfe mit dem Ziel der schulischen, beruflichen oder sozialen Integration:
3.1 Jugendberufshilfe § 13 Abs. 1, 2, 4 (wichtig: Kooperation u. a. mit anderen Sozialleistungsträgern nach SGB II, III und XII sowie mit Schulen); zur Abgrenzung zum SGB II siehe § 10 Abs. 3!
3.2 Schulsozialarbeit § 13 Abs. 1, 3, 4 (wichtig: Kooperation mit den Schulen)
3.3 Jugendwohnen § 13 Abs. 1, 3, 4
3.4 Arbeit mit jungen Aussiedlern
3.5 Arbeit mit jungen Ausländern
3.6 Mädchenarbeit
3.7 Straßensozialarbeit
3.8 weitere Arbeitsfelder

4. Rechtscharakter
4.1 objektiv-rechtliche Sollbestimmung
4.2 strittig, ob auch (Regel-)Rechtsanspruch

§ 13 Abs. 1 statuiert drei Tatbestandsvoraussetzungen, die kumulativ erfüllt sein müssen (siehe Übersicht 25), und beinhaltet mit der dort formulierten Sollbestimmung – als „Regel-Mussbestimmung" – eine klare objektiv-rechtliche Verpflichtung des zuständigen örtlichen Trägers der öffentlichen Jugendhilfe. Strittig ist, ob damit auch ein subjektiver Rechtsanspruch korrespondiert (Nachweise bei Wabnitz 2005, 151–154). Meines Erachtens sprechen die besseren Argumente für die Annahme auch eines (Regel-)Rechtsanspruches. Denn u. a. sind Tatbestand und Rechtsfolgen hinreichend präzise formuliert, und es handelt sich um einen weitgehend spezifizierten Personenkreis von sozial benachteiligten oder individuell beeinträchtigten jungen Menschen.

5.3.2 Die wichtigsten Aufgabenfelder der Jugendsozialarbeit

Der wichtigste Teilbereich der Jugendsozialarbeit ist die Jugendberufshilfe. Sie umfasst in unmittelbarer und primärer Verantwortung der Jugendhilfe vielfältige sozialpädagogische Hilfen zur Förderung der beruflichen Ausbildung junger Menschen und ihrer Eingliederung in die Arbeitswelt nach § 13 Abs. 1 sowie nach § 13 Abs. 2 („können") in gleichsam sekundärer Verantwortung der Jugendhilfe geeignete Ausbildungs- und Beschäftigungsmaßnahmen. Vorrangig verantwortlich sind dort jedoch Unternehmen und Betriebe der Wirtschaft, Arbeitgeber und Gewerkschaften, Industrie- und Handelskammern, Handwerkskammern sowie die Bundesagentur für Arbeit (auf der Grundlage von SGB II und SGB III).

Immer wichtiger geworden ist auch die Schulsozialarbeit. Zumeist freie Träger unterbreiten deshalb in enger Kooperation mit den Schulen u. a. Angebote der Einzel- und Gruppenberatung, Hausaufgabenbetreuung, der Freizeitgestaltung, Familienarbeit, der schulunterstützenden Sozialarbeit, Hilfen zur Persönlichkeitsentwicklung. Hinzu kommen ggf. die Abklärung zusätzlichen individuellen Förderbedarfes und die Weiterleitung an geeignete Fachdienste der Kinder- und Jugendhilfe.

Ein weiterer „klassischer" Aufgabenbereich ist das Jugendwohnen nach § 13 Abs. 1 und 3 („können"), nämlich die Zurverfügungstellung von geeigneten, sozialpädagogisch begleiteten Wohnformen. Weitere Aufgabenfelder sind u. a. die Arbeit mit Ausländern und mit Aussiedlern, die Mädchen- und Jungenarbeit, die Straßensozialarbeit. Für alle Aufgabenfelder der Jugendsozialarbeit von grundlegender Bedeutung sind die Kooperation und Vernetzung mit anderen Aufgabenträgern gemäß § 13 Abs. 4. Die Träger der Jugendsozialarbeit sind in fünf Trägergruppen zusammengeschlossen: der evangelischen, der katholischen, der sozialistischen, der freien und der kommunal-staatlichen Trägergruppe.

5.4 Erzieherischer Kinder- und Jugendschutz (§ 14)

Jungen Menschen „sollen" nach § 14 Abs. 1 „Angebote des erzieherischen Kinder- und Jugendschutzes gemacht werden." Diese Angebote beinhalten im Wesentlichen Maßnahmen nach § 14 Abs. 2, die entweder mit Blick auf junge Menschen selbst (Nr. 1) oder auf Eltern oder andere Erziehungsberechtigte (Nr. 2) konzipiert werden sollen. § 14 Abs. 1 enthält mithin eine von ihrem Verpflichtungsgrad her klar formulierte Sollvorschrift. Wegen der im Übrigen sehr allgemeinen Formulierungen der Norm korrespondiert mit § 14 jedoch kein subjektiver Rechtsanspruch.

Neben den Regelungen in § 14 über den erzieherischen Jugendschutz gibt es außerhalb des SGB VIII u. a. das Jugendschutzgesetz (JuSchG). Das JuSchG enthält in erster Linie an Erwachsene und Gewerbetreibende gerichtete Abgabeverbote (z. B. von Alkohol und Nikotin), Besuchsregelungen (Diskotheken, Kinos, Gaststätten, Spielhallen) und Nutzungsverbote (jugendgefährdende Medien).

5.5 Landesrecht (§ 15)

Die zum Teil sehr allgemein gehaltenen Regelungen der §§ 11 bis 14 sind auf Konkretisierung durch die Bundesländer angelegt. Gemäß § 15 „regelt" deshalb das „Nähere über Inhalt und Umfang der in diesem Abschnitt geregelten Aufgaben und Leistungen" das „Landesrecht". Ein Teil der Länder hat aufgrund von § 15 spezielle Ausführungsgesetze zum SGB VIII geschaffen, z. B. als „Jugendbildungsgesetze" oder „Jugendförderungsgesetze". Ein anderer Teil der Länder hat einzelne ergänzende Regelungen zu den §§ 11 ff in die jeweiligen, in jedem Bundesland bestehenden allgemeinen Landesausführungsgesetze zum SGB VIII eingestellt. Und in einigen Länder existieren überhaupt keine landesrechtlichen Vorschriften in Ergänzung der §§ 11 ff (vgl. im Einzelnen Wabnitz GK-SGB VIII/2008, Anmerkungen zu § 15).

Literatur

Deinet, U., Sturzenhecker, B. (Hrsg.) (2005): Handbuch offene Jugendarbeit

Fülbier, P., Münchmeier, R. (Hrsg.) (2001): Handbuch der Jugendsozialarbeit

Gögercin, S. (1999): Jugendsozialarbeit. Eine Einführung

Thole, W. (2000): Kinder- und Jugendarbeit. Eine Einführung

Wabnitz, R. J. (2003): Recht der Finanzierung der Jugendarbeit und Jugendsozialarbeit. Ein Handbuch

– (2007b): Hessisches Kinder- und Jugendhilfegesetzbuch (HKJGB). Kommentar

– (2008): Erläuterungen zu §§ 11 bis 15. In: GK-SGB VIII

Fall 5: Ablehnung der Teilnahme an einer Maßnahme der Jugendarbeit

Das JA in X bietet eine attraktive 14-tägige Ferienfreizeitmaßnahme für Jugendliche aus X an. Entsprechend der Ausschreibung wurden die 25 zur Verfügung stehenden Plätze in der Reihenfolge des Antragseingangs vergeben. Der Antrag des Jugendlichen J wurde – als 30. Antrag – deshalb abgelehnt, und zwar mittels eines förmlichen, mit einer Rechtsmittelbelehrung versehenen Bescheides des JA vom 10.5. des Jahres. J hat, anders als andere Jugendliche, noch nie an einer solchen Maßnahme teilgenommen, und meint, er hätte deshalb berücksichtigt werden müssen. Wird er sein Begehren, ggf. wie, durchsetzen können?

6 Förderung von Kindern in Tageseinrichtungen und in Kindertagespflege

6.1 Grundsätze und Überblick

Der Bereich der Förderung von Kindern in Tageseinrichtungen und in Kindertagespflege ist das mit Abstand größte Arbeitsfeld der Kinder- und Jugendhilfe (siehe Übersicht 26). Mehr als die Hälfte der bundesweit jährlich über 20 Mrd. Euro für die Erfüllung aller Aufgaben der Kinder- und Jugendhilfe nach dem SGB VIII wird hierfür verwendet (siehe 1.1.1). Es gibt mit über 3 Millionen Plätzen in ca. 50.000 Einrichtungen mit fast 400.000 beschäftigten Personen (ohne Kindertagespflege) die breiteste Angebotsstruktur der Kinder- und Jugendhilfe für grundsätzlich alle Kinder in Deutschland (Statistisches Bundesamt 2004a, 5, 39). Bundesrechtliche Rechtsgrundlage für die Förderung von Kindern in Tageseinrichtungen und in Kindertagespflege sind die §§ 22 bis 26 (siehe 6.1 und 6.2) in der Fassung des Tagesbetreuungsausbaugesetzes, des Kinder- und Jugendhilfeweiterentwicklungsgesetzes sowie des Kinderförderungsgesetzes, die jedoch maßgeblich durch Landesrecht aufgrund von § 26 Satz 1 und § 74a konkretisiert werden (siehe 6.4).

Überblick über die Förderung von Kindern in Tageseinrichtungen und in Kindertagespflege sowie in selbst organisierter Förderung

Übersicht 26

1. Ziele der Förderung gemäß § 22 Abs. 2:
 1.1 Förderung der Entwicklung des Kindes zu einer eigenverantwortlichen und gemeinschaftsfähigen Persönlichkeit (Nr. 1),
 1.2 Unterstützung und Ergänzung der Erziehung und Bildung in der Familie (Nr. 2) sowie
 1.3 Hilfe für die Eltern bei der besseren Vereinbarkeit von Erwerbstätigkeit und Kindererziehung (Nr. 3).

2. Förderauftrag gemäß § 22 Abs. 3: Erziehung, Bildung und Betreuung des Kindes („Aufgabentrias")
3. Förderung in Tageseinrichtungen (§ 22a) für einen Teil des Tages oder ganztags (§ 22 Abs. 1 Satz 1) in
3.1 Krippen für Kinder im Alter unter 3 Jahren gem. § 24 Abs. 2, 3
3.2 Kindergärten für Kinder vom vollendeten 3. Lebensjahr bis zum Schuleintritt gem. § 24 Abs. 1,
3.3 Horten für Kinder im schulpflichtigen Alter gem. § 24 Abs. 2,
3.4 altersgemischten Gruppen oder Kinderhäusern,
3.5 anderen Formen der Förderung nach Landesrecht gem. § 22 Abs. 1 Satz 3, § 26 Satz 1.
Einrichtungen nach 3.1 bis 3.4 befinden sich zumeist in freier oder öffentlicher Trägerschaft der Jugendhilfe. Daneben gibt es Trägerschaften von Schulen, Betrieben und der Sozialhilfe (Sonderkindergärten) außerhalb der Kinder- und Jugendhilfe.
4. Förderung in Kindertagespflege gem. § 22 Abs. 1 Satz 2, § 23 durch geeignete Tagespflegepersonen
4.1 in deren Haushalt oder
4.2 im Haushalt der/des Personensorgeberechtigten
5. Selbst organisierte Förderung von Kindern durch Mütter, Väter und andere Erziehungsberechtigte gem. § 25
Die Ziele der Förderung von Kindern in Tageseinrichtungen und in Kindertagespflege gem. § 22 Abs. 2 Nr. 1 bis 3 sind gleichsam „Varianten" der generellen Zielsetzung des SGB VIII nach § 1 Abs. 1: „Förderung der Entwicklung und der Erziehung jedes jungen Menschen zu einer eigenverantwortlichen und gemeinschaftsfähigen Persönlichkeit." In § 22 Abs. 3 Satz 1 ist der spezifische Förderauftrag (dazu BVerfGE 97, 332) umschrieben mit: „Erziehung, Bildung und Betreuung des Kindes". Diese Aufgabentrias mit ihrer integrativen Verschränkung aller drei genannten Bereiche macht die Unverwechselbarkeit der Aufgaben nach den §§ 22 ff aus, gerade auch im Unterschied zur Schule.

6.2 Förderung in Tageseinrichtungen (§§ 22, 22a, 24, 24a)

Der Rechtscharakter der insoweit einschlägigen Regelungen in § 24 (siehe Übersicht 27) stellt sich mit Blick auf die wichtigsten Einrichtungstypen Krippe, Kindergarten und Hort sehr unterschiedlich dar. Er beruht aber in allen Punkten auf eindeutig formulierten und begründeten Entscheidungen des Gesetzgebers, so dass hier die Annahme von Rechtsansprüchen aufgrund einer Auslegung von Normen (siehe 3.2) nicht in Betracht kommt.

Rechtscharakter der Regelungen in § 24 betreffend Tageseinrichtungen für Kinder

Übersicht 27

1. Kindergärten
1.1 eindeutiger Rechtsanspruch gem. § 24 Abs. 1 Satz 1 von Kindern vom vollendeten dritten Lebensjahr bis zum Schuleintritt
1.2 objektiv-rechtliche Mussbestimmung (des Trägers der öffentlichen Jugendhilfe) gem. § 24 Abs. 1 Satz 2 hinsichtlich eines „bedarfgerechten" Angebotes an Ganztagsplätzen; insoweit kein subjektiver Rechtsanspruch
2. Horte
2.1 objektiv-rechtliche Mussbestimmung gem. § 24 Abs. 2 im Hinblick auf die Vorhaltung eines „bedarfsgerechten" Angebotes an Plätzen für Kinder im schulpflichtigen Alter
2.2 kein subjektiver Rechtsanspruch
3. Krippen
3.1 objektiv-rechtliche Mussbestimmung gem. § 24 Abs. 2 und 3 im Hinblick auf die Vorhaltung eines „bedarfsgerechten" Angebotes an Plätzen für Kinder unter drei Jahren, mindestens für Kinder gemäß Abs. 3
3.2 subjektiver Rechtsanspruch erst vorgesehen ab 2013

6.2.1 Kindergärten

Die Förderung von Kindern in Kindergärten hat sich in den letzten Jahren zunehmend durchgesetzt. Da möglichst alle Kinder diese für die frühkindliche Erziehung, Bildung, Sprachförderung, Sozialisation und Integration in die Gesellschaft fast unverzichtbare Einrichtung besuchen sollen, wurde im Jahre 1992 in § 24 (mit Übergangsfristen bis 1996/1998) als „Meilenstein der Jugendhilferechtsgesetzgebung" der „berühmte" Kindergartenrechtsanspruch verankert (jetzt: in § 24 Abs. 1 Satz 1), aufgrund dessen es in den alten Bundesländern (bei Vollversorgung in den neuen Bundesländern) in den 1990er Jahren zur Schaffung von mehreren 100.000 Kindergartenplätzen gekommen ist. Allerdings ist in § 24 Abs. 1

(ebenso wenig wie in den meisten Landesausführungsgesetzen) nichts Näheres über den zeitlichen Mindestumfang der Förderung in Kindergärten und über die zumutbare Entfernung zur Einrichtung ausgeführt. Einige Autoren in der rechtswissenschaftlichen Literatur fordern allerdings eine tägliche Mindestöffnungsdauer von sechs Stunden (Münder 2007a, 95f m. w. N.; Mrozynski 2004, Rz 5; Fischer 2005, in: Schellhorn 2007, 24 Rz 11). Und mit Blick auf Ganztagsangebote besteht lediglich die objektiv-rechtliche Verpflichtung nach § 24 Abs. 1 Satz 2 zur Schaffung „bedarfsgerechter" Angebote (auf der Grundlage der Jugendhilfeplanung nach § 80).

6.2.2 Horte

Horte sind – neben Ganztagsschulangeboten in Zuständigkeit der Schulverwaltung – Einrichtungen der Kinder- und Jugendhilfe gemäß § 24 Abs. 2 zur Erziehung, Bildung und Betreuung von Schulkindern in der Regel am Nachmittag, deren Vorhaltung der Träger der öffentlichen Jugendhilfe (ohne Rechtsanspruch!) in „bedarfsgerechtem" Umfang (nach Maßgabe der Jugendhilfeplanung nach § 80) zu gewährleisten hat.

6.2.3 Krippen

Krippen sind Einrichtungen für Kinder im Alter unter drei Jahren gemäß § 24 Abs. 2, deren Vorhaltung der Träger der öffentlichen Jugendhilfe (bisher ohne Rechtsanspruch!) in „bedarfsgerechtem" Umfang (nach Maßgabe der Jugendhilfeplanung) zu gewährleisten hat. Mit Blick auf die bis zum Jahre 2005 vielfach katastrophale Versorgungssituation in diesem Bereich in den alten (anders: in den neuen) Bundesländern hat der Gesetzgeber durch das Tagesbetreuungsausbaugesetz (TAG) mit Wirkung vom 1.1.2005 insoweit die Bedarfskriterien in § 24 Abs. 3 Satz 1 (unterhalb der Ebene eines Rechtsanspruches!) erheblich verschärft, so dass zumindest für Kinder, wenn dadurch ihre Entwicklung einer eigenverantwortlichen und gemeinschaftsfähigen Persönlichkeit gestärkt wird (Nr. 1), oder für Kinder von Erwerbstätigen oder in Ausbildung befindlichen Eltern etc. (Nr. 2) ein Angebot vorzuhalten ist. Aufgrund von § 24 Abs. 3 wird bis zum Jahr 2013 ein erheblicher Ausbau der Kapazitäten in Krippen und in Kindertagespflege (siehe 6.3) erwartet, mit Blick auf welchen der Gesetzgeber in § 24a Übergangsregelungen für die örtlichen Träger der öffentlichen Jugendhilfe (Ausbaustufen) geschaffen hat. Mit Wirkung vom 01.08.2013 soll es sodann aufgrund des Kinderförderungsgesetzes zur Verankerung eines Rechtsanspruchs auch für Kinder ab der Vollendung des ersten Lebensjahres auf frühkindliche Förderung in einer Tageseinrichtung kommen (§ 24 Abs. 2).

6.2.4 Andere Förderangebote

Für andere Förderangebote, z. B. in Form von altersgemischten Gruppen, Kinderhäusern, enthält das SGB VIII keine Regelungen. Gemäß § 25 „sollen" allerdings (ohne Rechtsanspruch) Mütter, Väter und andere Erziehungsberechtigte, die die Förderung von Kindern selbst organisieren wollen, beraten und unterstützt werden.

6.3 Förderung in Kindertagespflege (§ 23)

Kindertagespflege ist eine gesetzlich ausdrücklich vorgesehene Alternative zur Förderung von Kindern im Alter unter drei Jahren in Krippen, Kindergärten und Horten. Gemäß § 22 Abs. 1 Satz 2 wird Kindertagespflege von einer geeigneten Tagespflegeperson in ihrem Haushalt oder im Haushalt der/des Personensorgeberechtigten geleistet. Das Nähere über die Abgrenzung von Tageseinrichtungen und Kindertagespflege regelt gemäß § 22 Abs. 1 Satz 3 das Landesrecht, das auch regeln kann, dass Kindertagespflege in anderen geeigneten Räumen geleistet wird (Satz 4). Die (übrigen) Regelungen von § 22 (Grundsätze der Förderung) sowie von § 24 (Inanspruchnahme von Tageseinrichtungen und Kindertagespflege) mit Ausnahme von § 24 Abs. 1 Satz 1 (Kindergartenrechtsanspruch) gelten ebenfalls für die Kindertagespflege. Ab dem 01.08.2013 soll auch Kindern ab der Vollendung des ersten Lebensjahres ein Anspruch auf frühkindliche Förderung in Kindertagespflege eingeräumt werden. Darüber hinaus ist die Förderung der Kindertagespflege in § 23 ausdrücklich normiert, im Hinblick auf welche die Tagespflegepersonen zudem gemäß §43 auch einer Erlaubnis bedürfen (siehe dazu auch 11.1.1). Wegen ihrer zunehmenden Bedeutung hat der Bundesgesetzgeber in §§23, 43 Qualitätskriterien für die Kindertagespflege verankert (siehe Übersicht 28).

Förderung in Kindertagespflege (§§ 23, 43) als eigenständige Leistung der Kinder- und Jugendhilfe, zugleich als Alternative zur Förderung von Kindern in Tageseinrichtungen (insbesondere in Krippen, aber auch in anderen Einrichtungen)

Übersicht 28

1. Elemente der Förderung in Kindertagespflege nach § 23 Abs. 1
1.1 Vermittlung des Kindes
1.2 fachliche Beratung, Begleitung, weitere Qualifizierung
1.3 Gewährung einer laufenden Geldleistung (gemäß § 23 Abs. 2) betreffend: Kostenerstattung für Sachaufwand, Betrag zur Anerkennung der Förderungsleistung sowie Erstattung nachgewiesener Aufwendungen für Beiträge zur Unfallversicherung sowie (hälftig) zur Alterssicherung, Kranken- und Pflegeversicherung
2. Qualifizierung der Kindertagespflege durch
2.1 Statuierung von Eignungskriterien („geeignete Tagespflegeperson"): Persönlichkeit, Sachkompetenz, Kooperationsbereitschaft (§ 23 Abs. 3 Satz 1)
2.2 kindgerechte Räumlichkeiten (§ 23 Abs. 3 Satz 1)
2.3 vertiefte Kenntnisse/Lehrgänge (§ 23 Abs. 3 Satz 2)
2.4 Beratung in allen Fragen der Kindertagespflege (§ 23 Abs. 4 Satz 1)
2.5 Beratung, Unterstützung und Förderung von Zusammenschlüssen von Tagespflegepersonen (§ 23 Abs. 4 Satz 3)
3. Rechtscharakter
3.1 objektiv-rechtliche Mussbestimmungen mit Bedarfskriterien gem. § 24 Abs. 1 Satz 2, Abs. 2 und 3 – mit subjektivem Rechtsanspruch ab dem 01.08.2013 (geplant)
3.2 subjektiver Rechtsanspruch von Erziehungsberechtigten und Tagespflegepersonen auf Beratung gem. § 23 Abs. 4 Satz 1
4. Erfordernis einer Erlaubnis des JA zur Kindertagespflege (Verwaltungsakt!) bei längerfristiger, entgeltlicher Tätigkeit außerhalb der Wohnung des Kindes, § 43 (siehe auch 11.1.1)

6.4 Landesrecht (§ 26)

Die §§ 22 ff bzw. der Bereich der Förderung von Kindern in Tageseinrichtungen und in Kindertagespflege werden maßgeblich durch Landesrecht konkretisiert und geprägt. § 26 Satz 1 lautet dementsprechend: „Das Nähere über Inhalt und Umfang der in diesem Abschnitt geregelten Aufgaben und Leistungen regelt das Landesrecht." Und in § 74a Satz 1 heißt es zudem: „Die Finanzierung von Tageseinrichtungen regelt das Landesrecht."

Auf dieser Grundlage existieren in allen 16 Bundesländern separate, zum Teil sehr ausführliche Landesgesetze über die Förderung von Kindern in Tageseinrichtungen und in Tagespflege. Die überwiegend als „Kindertagesstättengesetze" bezeichneten Landesgesetze enthalten zumeist konkretisierende Aufgabenbeschreibungen und Regelungen über Organisation, Personal und Finanzierung etc. Die meisten Kommentare zum SGB VIII enthalten detaillierte Fundstellennachweise die genannten Gesetze betreffend (entweder bei § 26 oder als Anhänge), mitunter auch vollständige Gesetzestexte (z. B. bei Hauck/Noftz 2008, Teil C).

📖 Literatur

Schmid, H., Wiesner, R. (2005): Rechtsfragen der Kindertagespflege nach dem Tagesbetreuungsausbaugesetz

Statistisches Bundesamt (2004a): Kindertagesbetreuung in Deutschland. Einrichtungen, Plätze, Personal und Kosten 1990 bis 2002

Wabnitz, R. J. (2007b): Hessisches Kinder- und Jugendhilfegesetzbuch (HKJGB). Kommentar

– (2007c): Neues Recht der Kindertagesbetreuung in Hessen – Eine Handreichung

Wiesner, R. (2003): Die Förderung von Kindern in Tageseinrichtungen und die Einheit der Jugendhilfe

– (2004): Das Tagesbetreuungsausbaugesetz

Fall 6: Kinderhorte

1.1 Haben Eltern oder andere Personensorgeberechtigte einen Rechtsanspruch auf einen Hortplatz?

1.2 Hätten sie einen Rechtsanspruch auf einen Hortplatz bei vom JA festgestelltem Erziehungsdefizit eines Kindes?

1.3 Wie gestalten öffentliche und freie Träger von Horten ihre Rechtsbeziehungen zu den Eltern und zu anderen Personensorgeberechtigten?

1.4 Sind die Horte freier Träger völlig frei, welche Kinder sie aufnehmen und zu welchen Bedingungen?

2.1 Wer entscheidet über die pädagogische Konzeption und die pädagogische Arbeit im Hort sowie darüber, wie die Aufsichtspflicht hinsichtlich der Kinder wahrzunehmen ist?

2.2 Wird die Aufsichtspflicht verletzt, wenn Erzieherinnen Kinder zu zweit oder zu dritt allein im Werkraum basteln oder in die Stadt oder auf einen nahe gelegenen Spielplatz gehen lassen?

3. Können den Eltern die Hortgebühren oder Teilnahmebeiträge ermäßigt oder erlassen werden?

4. Ein städtischer Hort erhält Besuch von der Kommunalaufsichtsbehörde. Diese lässt sich die pädagogische Konzeption zeigen und rügt „fachliche Mängel" derselben. Ist dies zulässig? Wie wäre es bei einem Hort in freier Trägerschaft?

7 Hilfe zur Erziehung I

Bei der Hilfe zur Erziehung nach den §§ 27 ff handelt es sich um die „klassische" Einzelfallhilfe für Kinder und Jugendliche bei individuellen Erziehungsdefiziten mit einem breiten, differenzierten Leistungsspektrum von der Erziehungsberatung bis zur vollstationären Heimunterbringung. Leistungs- und Gewährleistungsverpflichtungen richten sich wie auch bei den übrigen Leistungen der Kinder- und Jugendhilfe gemäß § 3 Abs. 2 Satz 2 sowie § 79 Abs. 2 allein an den Träger der öffentlichen Jugendhilfe, auch wenn die Leistungen selbst tatsächlich überwiegend von Trägern der freien Jugendhilfe erbracht werden.

Für Hilfe zur Erziehung nach §§ 27 ff werden jährlich bundesweit ca. 5,5 Milliarden Euro aufgewandt, also knapp 25% der Jugendhilfeetats (Statistisches Bundesamt 2004b, 8 ff; siehe auch 1.1). Wegen der enormen Einzelfallkosten im Bereich der Hilfen zur Erziehung außerhalb der eigenen Familie von bis zu 5.000 Euro pro Kind und Monat befinden sich insbesondere die Hilfen nach den §§ 34 bis 35a sowie § 41 im Mittelpunkt der fachlichen und politischen Auseinandersetzung.

7.1 § 27 als Grundnorm der Hilfe zur Erziehung

§ 27 ist die Grundnorm für alle Hilfen zur Erziehung und zugleich Voraussetzung für alle „Varianten" der Hilfeerbringung, insbesondere nach den §§ 28 bis 35. § 41 (Hilfe für junge Volljährige) „verlängert" die Hilfe zur Erziehung gleichsam bis ins Erwachsenenalter (siehe 8.6), während die Eingliederungshilfe für seelisch behinderte Kinder und Jugendliche keine Hilfe zur Erziehung darstellt, aber weitgehend nach denselben Regelungen erbracht wird (siehe 8.5).

Voraussetzung für die Hilfegewährung nach §§ 27 bis 35 ist, dass die Tatbestandvoraussetzungen von § 27 Abs. 1 erfüllt sind. § 27 Abs. 1 ist eine „klassische" Wenn-Dann-Regelung mit Tatbestand und Rechtsfolgen (siehe Übersicht 29).

> **Hilfe zur Erziehung nach § 27 Abs. 1**   *Übersicht 29*
>
> 1. Adressatenkreis: Kinder und Jugendliche (vgl. § 7 Abs. 1 Nr. 1 und 2)
> 2. Tatbestandsvoraussetzungen (Abs. 1)
> 2.1 Erziehungsdefizit („eine dem Wohl des Kindes oder Jugendlichen entsprechende Erziehung ist nicht gewährleistet")
> 2.2 und die (jeweils auszuwählende) Hilfe(-art) ist geeignet und notwendig.
> 3. Rechtsfolgen
> 3.1 Rechtsanspruch der Personensorgeberechtigten auf Hilfe zur Erziehung (Abs. 1)
> 3.2 Gewährung der Hilfe zur Erziehung „insbesondere" (aber nicht nur!) nach §§ 28 bis 35 (Abs. 2 Satz 1), in der Regel im Inland (Abs. 2 Satz 2), nach Bedarf im Einzelfall bei Einbeziehung des engeren sozialen Umfeldes (Abs. 2 Satz 1)
> 3.3 insbesondere durch Gewährung pädagogischer und damit verbundener therapeutischer Maßnahmen (Abs. 3 Satz 1), ggf. (Abs. 3 Satz 2) unter Einschluss von Ausbildungs- und Beschäftigungsmaßnahmen nach § 13 Abs. 2
> 3.4 ggf. auch Unterstützung bei der Pflege und Erziehung des Kindes einer jugendlichen Mutter (Abs. 4)
> 4. Rechtscharakter von § 27 Abs. 1
> 4.1 objektiv-rechtliche Mussbestimmung
> 4.2 Rechtsanspruch der Personensorgeberechtigten (gilt auch für §§ 28 bis 35!)

7.1.1 Tatbestandsvoraussetzungen von § 27 Abs. 1

§ 27 Abs. 1 hat die beiden soeben genannten Tatbestandsvoraussetzungen. Zunächst muss ein Erziehungsdefizit eines einzelnen Kindes oder Jugendlichen bestehen, bei dem eine seinem Wohl entsprechende Erziehung nicht gewährleistet ist. Diese Situation muss entweder bereits eingetreten sein oder zumindest konkret drohen. Maßstab dafür ist zunächst die für das gesamte SGB VIII maßgebliche Generalbestimmung des § 1 Abs. 1: Ein Erziehungsdefizit im Sinne von § 27 Abs. 1 droht oder ist eingetreten, wenn die Entwicklung eines Kindes oder Jugendlichen zu einer eigenverantwortlichen und gemeinschaftsfähigen Persönlichkeit nicht gewährleistet ist. Eine solche Mangellage wird insbesondere dann anzunehmen sein, wenn zentrale Bedürfnisse des Kindes oder Jugendlichen nicht erfüllt werden (können), z. b. bei Mangel an Liebe, Zuwendung, Akzeptanz, Schutz und Fürsorge, Ernährung, Kleidung, Wohnung, Körper- und Gesundheitspflege, Erziehung und Bildung.

Des Weiteren muss es so sein, dass die im Einzelfall insbesondere nach den §§ 28 bis 35 auszuwählende Hilfeart für die Entwicklung des Kindes „geeignet" und „notwendig" ist. „Geeignet" ist diejenige Hilfe, die als solche in der Lage ist, das Erziehungsdefizit abzuwenden. „Notwendig" ist diejenige Hilfeart, die unter Berücksichtigung des Grundsatzes der Verhältnismäßigkeit im konkreten Einzelfall geboten ist, um das Defizit zu beseitigen. Eine Hilfe ist z. B. dann nicht erforderlich, wenn es im sozialen Umfeld des Kindes oder Jugendlichen genügend Ressourcen gibt (Großeltern, Freunde, Bekanntenkreis, Schule, Nachbarschaft etc.), und somit das Defizit auch ohne öffentliche Hilfe zur Erziehung beseitigt werden kann. Im Sinne des Grundsatzes der Verhältnismäßigkeit und mit Blick auf das verfassungsrechtlich geschützte Elternrecht nach Art. 6 Abs. 1 Satz 1 GG (siehe 1.2) ist eine bestimmte Hilfe auch dann nicht notwendig, wenn mit einer weniger einschneidenden Maßnahme (z. B. sozialpädagogische Familienhilfe statt Heimunterbringung) das Defizit ebenfalls beseitigt werden kann.

7.1.2 Rechtsfolgen und Rechtscharakter von § 27 Abs. 1

Liegen die Tatbestandsvoraussetzungen des § 27 Abs. 1 vor, hat/haben die/der Personensorgeberechtigte(n) einen eindeutigen und einklagbaren subjektiven Rechtsanspruch auf Hilfe zur Erziehung. Der Rechtsanspruch auf Hilfe zur Erziehung ist den Personensorgeberechtigten als den zur Erziehung Berechtigten und Verpflichteten (vgl. Art. 6 Abs. 2 Satz 1 GG) und nicht den Kindern und Jugendlichen selbst zugeordnet. Diese gesetzliche Zuordnung wird in der Literatur teilweise heftig kritisiert (Münder et al. 2006, 110 f; Wabnitz 2005, 113–119).

Hilfe zur Erziehung wird in der Regel im Inland (vgl. § 27 Abs. 2 Satz 2; mit Ausnahmen) und „insbesondere" nach Maßgabe der §§ 28 bis 35 gewährt. Die Einzelheiten der jeweils geeigneten und notwendigen Hilfeart richten sich dabei nach den Detailregelungen insbesondere der §§ 28 bis 35 (siehe 7.3 bis 8.4). Der Katalog der §§ 28 bis 35 ist allerdings nicht abschließend formuliert. Über das Wort „insbesondere" ist es rechtlich möglich und praktisch üblich, ggf. auch nicht ausdrücklich gesetzlich ausgeformte Hilfearten (in Anlehnung an diese) zu gewähren.

Die einzelnen Hilfearten setzen aber jeweils voraus, dass die Tatbestandsvoraussetzungen des § 27 Abs. 1 in jedem Fall erfüllt sind. Es heißt also immer: „§ 27 Abs. 1 plus § X". Deshalb bestehen jeweils individuelle Rechtsansprüche des Personensorgeberechtigten auf Gewährung von Hilfe zur Erziehung z. B. in Form einer Erziehungsbeistandschaft nach § 27 Abs. 1 i. V. m. § 30 oder auf Heimerziehung nach § 27 Abs. 1 i. V. m. § 34.

Die Auswahl der konkreten Hilfe durch das Jugendamt nach den §§ 28 ff richtet sich gemäß § 27 Abs. 2 Satz 1 nach dem erzieherischen Bedarf im Einzelfall (Einzelfallorientierung) unter Einbeziehung des sozialen Umfeldes (Lebens- und Sozialraumorientierung) sowie nach Maßgabe der Verfahrensvorschriften der § 36 ff (siehe 9.2 bis 9.6). Relevante Aspekte sind dabei vor allem:

- der konkrete erzieherische Bedarf des Kindes oder Jugendlichen,
- die „Ressourcen" der Personensorgeberechtigten oder anderer Bezugspersonen hinsichtlich einer Beseitigung des Erziehungsdefizits,
- positive oder negative Einflüsse des sonstigen sozialen Umfeldes.

Bei den im Einzelfall in Betracht kommenden Hilfearten nach den §§ 28 ff kann man diese „der Reihenfolge nach" prüfen oder – zweckmäßigerweise – zunächst eine „Vorprüfung" dahingehend vornehmen, ob das Kind oder der Jugendliche in der eigenen Familie verbleiben kann, so dass nur Maßnahmen nach §§ 28 bis 32 in Betracht kommen, oder ob dies nicht der Fall ist, so dass ein „Milieuwechsel" erforderlich wird; im letztgenannten Fall kommen gezielt Maßnahmen nach §§ 33 bis 35 in Betracht, evtl. auch kombiniert mit Maßnahmen nach §§ 28 ff.

Von ihrem Inhalt her stellen die Hilfen zur Erziehung gemäß § 27 Abs. 3 sozialpädagogische und therapeutische Leistungen dar, ggf. verbunden mit Ausbildungs- und Beschäftigungsmaßnahmen der Jugendsozialarbeit nach § 13 Abs. 2. Hilfe zur Erziehung kann gemäß §27 Abs.2a ggf. auch bei unterhaltspflichtigen Personen gewährt werden (z.B. Vollzeitpflege bei Großeltern) und umfasst bei jugendlichen Müttern auch die Unterstützung bei der Pflege und Erziehung ihres Kindes (§27 Abs.4).

7.2 Überblick über Hilfe zur Erziehung, Eingliederungshilfe und Hilfe für junge Volljährige

Im Bereich der Hilfe zur Erziehung, der Eingliederungshilfe für seelisch behinderte Kinder und Jugendhilfe und der Hilfe für junge Volljährige besteht eine Vielzahl von Vorschriften des materiellen und des Verfahrensrechts, die in der Übersicht 30 zusammengefasst dargestellt werden.

Überblick über Hilfe zur Erziehung, Eingliederungshilfe und Hilfe für junge Volljährige

Übersicht 30

1. Materiell-rechtliche Voraussetzungen und Rechtsfolgen bei Hilfe zur Erziehung: §27 Abs.1 und 2 (siehe 7.1)
1.1 Hilfe zur Erziehung innerhalb der eigenen Familie in Form der
 - Erziehungsberatung §28, ambulant (siehe 7.3)
 - Sozialen Gruppenarbeit §29, ambulant (siehe 7.4)
 - Erziehungsbeistandschaft §30, ambulant (siehe 7.5)
 - Sozialpädagogischen Familienhilfe §31, ambulant (siehe 7.6)
 - Tagesgruppe §32, teilstationär (siehe 8.1)
1.2 Hilfe zur Erziehung außerhalb der eigenen Familie in Form der
 - Vollzeitpflege §33, stationär (siehe 8.2)
 - Heimerziehung/sonstigen betreuten Wohnform §34, stationär (siehe 8.3)
 - intensiven sozialpädagogischen Einzelbetreuung §35, ambulant oder stationär (siehe 8.4)
2. materiell-rechtliche Voraussetzungen und Rechtsfolgen bei
2.1 Eingliederungshilfe für seelisch behinderte Kinder und Jugendliche §35a, ambulant oder stationär (siehe 8.5)
2.2 Hilfe für junge Volljährige §41, ambulant oder stationär (siehe 8.6)
2.3 Leistungen betreffend Unterhalt und Krankenhilfe §§39, 40 (siehe 9.1)
3. formell-rechtliche Voraussetzungen der Gewährung von Hilfen nach §§27 bis 41

3.1 Mitwirkung § 36 Abs. 1 (siehe 9.2)
3.2 Hilfeplan § 36 Abs. 2 und 3 (siehe 9.3)
3.3 Zusammenarbeit bei Hilfen außerhalb der eigenen Familie § 37 (siehe 9.4)
3.4 Antragstellung und Selbstbeschaffung § 36a (siehe 9.5)
3.5 Herbeiführung von Entscheidungen des Familiengerichtes (siehe 9.6)
4. Kostenbeiträge und Heranziehung zu den Kosten (siehe 14.2)
5. Vereinbarungen zwischen den Trägern der öffentlichen und der freien Jugendhilfe über
5.1 die Höhe der Kosten § 77 (siehe 13.4) bzw.
5.2 über Leistungsangebote, Entgelte und Qualitätsentwicklung §§ 78a bis 78g (siehe 13.4)

7.3 Erziehungsberatung (§ 28)

Die weitaus häufigste Form der Hilfe zur Erziehung ist die Erziehungsberatung nach § 28 (siehe Übersicht 31), die nur bei Vorhandensein eines (noch) weitgehend intakten Familiensystems als geeignet im Sinne von 27 Abs. 1 anzusehen sein wird, mitunter aber auch kombiniert mit anderen Hilfearten nach §§ 28 ff.

Erziehungsberatung (§ 28)

Übersicht 31

1. Adressatenkreis: Kinder, Jugendliche, Eltern und andere Erziehungsberechtigte
2. Tatbestandsvoraussetzungen
2.1 Voraussetzungen des § 27 Abs. 1
2.2 Notwendigkeit der Unterstützung bei der Klärung und Bewältigung individueller und Familien bezogener Probleme und der zugrunde liegenden Faktoren, bei der Lösung von Erziehungsfragen sowie bei Trennung und Scheidung (Satz 1)
3. Rechtsfolge: Beratung und ggf. Therapie; dabei sollen Fachkräfte verschiedener Fachrichtungen zusammenwirken, die mit unterschiedlichen methodischen Ansätzen vertraut sind (Satz 2)
4. Rechtscharakter
4.1 objektiv-rechtliche Mussbestimmung
4.2 Rechtsanspruch des Personensorgeberechtigten

Erziehungsberatung als „klassische" und am meisten verbreitete Form der Hilfe zur Erziehung im Rahmen der Kinder- und Jugendhilfe zielt ab auf Stärkung der Erziehungsfähigkeit der Personensorgeberechtigten und ggf. anderer Erziehungsberechtigter durch ambulante Beratung und ggf. Therapie. Dabei soll es gemäß § 28 Satz 2 zu dem bereits genannten Zusammenwirken von Fachkräften verschiedener Fachrichtungen kommen; dies sind vor allem Psychologen, Sozialpädagogen, Sozialarbeiter, Pädagogen. Die organisatorische Form der Beratung ist darüber hinaus nicht gesetzlich vorgegeben, so dass Erziehungsberatung in separaten Erziehungsberatungsstellen von Trägern der freien oder öffentlichen Kinder- und Jugendhilfe oder auch kombiniert mit anderen Formen der sozialen Beratung angeboten wird (z. B. mit Ehe-, Familien- und Lebensberatung, Jugend-, Sucht- oder Trennungs- und Scheidungsberatung). Erziehungsberatung nach § 28 ist Krisenintervention, da sie als Leistungsart der Hilfe zur Erziehung voraussetzt, dass auch der „Grundtatbestand" des § 27 Abs. 1 erfüllt ist (Kunkel 2004, 91). Ist dies der Fall, so besteht insoweit auch ein subjektiver Rechtsanspruch auf Hilfe zur Erziehung in Form der Erziehungsberatung nach § 27 Abs. 1 i. V. m. § 28. Entsprechendes gilt auch mit Blick auf die folgenden §§ 29 bis 35.

7.4 Soziale Gruppenarbeit (§ 29)

Soziale Gruppenarbeit (§ 29)

Übersicht 32

1. Adressatenkreis: ältere („gruppenfähige") Kinder und Jugendliche
2. Tatbestandsvoraussetzungen
2.1 Voraussetzungen des § 27 Abs. 1
2.2 Die Hilfeart ist geeignet und notwendig zur Überwindung von Entwicklungsschwierigkeiten und Verhaltensproblemen (insbesondere zur Verbesserung des Sozialverhaltens)
3. Rechtsfolge: Teilnahme an Angeboten nach § 29 auf der Grundlage gruppenpädagogischer Konzepte mit dem Ziel der Förderung durch soziales Lernen in der Gruppe
4. Rechtscharakter
4.1 objektiv-rechtliche Mussbestimmung
4.2 subjektiver Rechtsanspruch des Personensorgeberechtigten

Soziale Gruppenarbeit (siehe Übersicht 32) ist nicht nur allgemein eine Methode der Sozialen Arbeit, sondern auch eine Form der Hilfe zur Erziehung. Sie soll die Überwindung von Entwicklungs- und Verhaltensstörungen fördern und zur Verbesserung des Sozialverhaltens beitragen. Sie weist auch Parallelen zu den sozialen Trainingskursen im Jugendstrafrecht nach § 10 Abs. 1 Satz 3 Nr. 6 JGG auf. Hilfen nach § 29 werden in Form von zeitlich begrenzten Kursen (z. B. auch in den Ferien) oder von fortlaufender Gruppenarbeit angeboten. Sie sind in der Regel nicht geeignet für Kinder unter zwölf Jahren und setzen die Bereitschaft und Fähigkeit zur aktiven Mitwirkung in der Gruppe voraus. Methodische Schwerpunkte sind u. a. erlebnispädagogische und/oder themenorientierte Arbeitsansätze, die über allgemeine Angebote der Jugendarbeit nach §§ 11, 12 hinausgehen.

7.5 Erziehungsbeistand (§ 30)

Diese Art der Hilfe zur Erziehung ist seit den 1920er Jahren Bestandteil des Jugendhilfeangebotes. Im Kern stellt sie eine intensive, auf längere Dauer angelegte Einzelhilfe für Kinder und Jugendliche dar.

Erziehungsbeistand, Betreuungshilfe (§ 30)   *Übersicht 33*

1. Adressatenkreis: Kinder und Jugendliche überwiegend im Alter von ca. 9 bis 16 Jahren
2. Tatbestandsvoraussetzungen
2.1 Voraussetzungen des § 27 Abs. 1
2.2 Die Maßnahme ist geeignet und notwendig zur
   - Bewältigung von Entwicklungsproblemen möglichst unter Einbeziehung des sozialen Umfeldes
   - und zur Förderung der Verselbstständigung unter Erhaltung des Lebensbezugs der Familie.
3. Rechtsfolgen: Erziehungsbeistandschaft durch eine Fachkraft der Sozialen Arbeit, die in der Regel mehrmals wöchentlich über einen Zeitraum von ca. 1 bis 3 Jahren Hilfe in Form von Beratungsgesprächen für den Minderjährigen und die Eltern leistet.
4. Rechtscharakter
4.1 objektiv-rechtliche Mussbestimmung
4.2 subjektiver Rechtsanspruch des Personensorgeberechtigten

Die Hilfeart zielt ab auf Bewältigung der genannten Entwicklungsprobleme und auf die Förderung der Verselbstständigung des Kindes oder Jugendlichen, allerdings unter Einbeziehung des sozialen Umfeldes und unter Erhaltung des Lebensbezugs zur Familie (siehe Übersicht 33).

Erziehungsbeistandschaft kann auch im Jugendstrafverfahren durch das Jugendstrafgericht als Erziehungsmaßregel nach § 12 Nr. 1 JGG angeordnet werden. Ebenfalls angesprochen ist in § 30 der „Betreuungshelfer", unter dessen Betreuung und Aufsicht ein Jugendlicher ebenfalls im Rahmen des Jugendstrafverfahrens und im Rahmen einer Weisung nach § 10 Abs. 1 Satz 3 Nr. 5 JGG unterstellt werden kann.

7.6 Sozialpädagogische Familienhilfe (§ 31)

Die Sozialpädagogische Familienhilfe (SPFH) (siehe Übersicht 34), die sich seit den 1970er Jahren im System der Hilfe zur Erziehung fest etabliert hat, ist die intensivste ambulante Hilfe im Rahmen der §§ 28 ff. Sie ist auf das Familiensystem als Ganzes fokussiert.

Sozialpädagogische Familienhilfe (§ 31)   *Übersicht 34*

1. Adressatenkreis: Familien in Krisensituationen und/oder bei dauerhafter Überforderung
2. Tatbestandsvoraussetzungen
2.1 Voraussetzungen nach § 27 Abs. 1
2.2 Die Hilfeart ist geeignet und notwendig als Hilfe zur Selbsthilfe bei der Wahrnehmung von Erziehungsaufgaben, der Bewältigung von Alltagsproblemen, der Lösung von Konflikten und Krisen sowie im Kontakt mit Ämtern und Institutionen (Satz 1).
2.3 Die Familie ist zu aktiver Mitarbeit bereit (Satz 2).
3. Rechtsfolge: intensive Betreuung und Begleitung der Familie durch Dienste der SPFH über einen längeren, bis zu 2 1/2 Jahre langen Zeitraum oder „kompakt" für einen kürzeren Zeitraum.
4. Rechtscharakter
4.1 objektiv-rechtliche Mussbestimmung
4.2 subjektiver Rechtsanspruch des Personensorgeberechtigten

Die SPFH wird zumeist von Fachkräften der Sozialen Arbeit in speziellen Diensten der SPFH bei Trägern der freien und öffentlichen Jugendhilfe geleistet. Sie ist eine besonders intensive Form der Hilfe zur Selbsthilfe der Familien bei der Bewältigung der grundsätzlich gesamten Breite von Erziehungsschwierigkeiten, sozialen Problemen und (praktischen) Alltagsproblemen mit dem Ziel, das „Gesamtsystem Familie" zu stabilisieren und fortzuentwickeln, so dass die Kinder dort verbleiben können. Dabei „lebt" die zuständige Fachkraft zeitweise quasi in der Familie, so dass hier in besonderer Weise die Bestimmungen des Sozialdatenschutzes zu beachten sind (vgl. 14.3). Die Hilfe nach § 31 setzt die Bereitschaft und die Fähigkeit der Familie zu aktiver Mitarbeit voraus (§ 31 Satz 2).

Literatur

Birtsch, V., Münstermann, K., Trede, W. (Hrsg.) (2001): Handbuch Erziehungshilfen

Hinrichs, K. (2006): Jugendhilfe und verwaltungsgerichtliche Kontrolle

Mrozynski, P. (1999): Die Feststellung des erzieherischen Bedarfs bei den Hilfen zur Erziehung als materiell- und verfahrensrechtliches Problem

Nonninger, S. (2002): Entscheidungskompetenz des öffentlichen Trägers der Hilfe nach den §§ 27 ff SGB VIII

Fall 7: Hilfe für Franz

(Teilweise in Anlehnung an Oberloskamp/Adams 2001, 129)

Der 10-jährige Franz (F) ist das eheliche Kind seiner 40-jährigen Mutter (M) und seines 43-jährigen Vaters (V). M ist seit Jahren alkoholkrank und kann sich um F nicht mehr richtig kümmern. Nunmehr wendet sich V schriftlich an das Sozialamt und teilt mit, dass er sich von M getrennt und F mit Zustimmung von M mitgenommen habe. Er werde demnächst Antrag auf Scheidung stellen. F hänge immer noch sehr an M, obwohl sie ihn schlecht behandelt habe und er vieles habe tun müssen, was über sein Alter und seine Kräfte weit hinausgegangen sei. F sei häufig geistesabwesend, könne sich in der Schule und bei den Hausaufgaben nur mit Mühe konzentrieren, esse schlecht und sehe, obwohl medizinisch gesund, häufig krank aus. V teilte weiter mit, dass er demnächst mit seiner neuen Partnerin zusammenziehen werde. F könne selbstverständlich bei ihm bleiben. V bittet, ihm dabei zu helfen, dass F die Krise der Trennung von M meistert. Nach Auffassung seiner Lehrer sei F durchaus begabt, für sein Alter überdurchschnittlich reif, sensibel, und er werde sich Gesprächen über seinen Kummer sicherlich nicht verweigern. V beantragt eine „geeignete Hilfe". Kann ihm Hilfe gewährt werden? Und wenn ja, welche?

8 Hilfe zur Erziehung II, Eingliederungshilfe, Hilfe für junge Volljährige

In Kapitel 8 werden die – besonders kostenintensiven – teil- und vollstationären Hilfearten nach den §§ 32 bis 35 sowie der „verwandten" Hilfearten wie Eingliederungshilfe für seelisch behinderte Kinder und Jugendliche nach § 35a und Hilfe für junge Volljährige nach § 41 behandelt. Die Hilfen nach §§ 33 bis 35 stellen die so genannten Familien ersetzenden Hilfen zur Erziehung außerhalb der eigenen Familie dar.

8.1 Erziehung in einer Tagesgruppe (§ 32)

Erziehung in einer Tagesgruppe nach § 32 (siehe Übersicht 35) befindet sich als teilstationäre Hilfe gleichsam an der „Schnittstelle zwischen ambulant und stationär".

Erziehung in einer Tagesgruppe (§ 32) *Übersicht 35*

1. Adressatenkreis: Kinder und Jugendliche im Alter von zumeist etwa 7 bis 15 Jahren
2. Tatbestandsvoraussetzungen
2.1 Vorliegen der Voraussetzungen des § 27 Abs. 1
2.2 Die Hilfe ist geeignet und notwendig zur Entwicklung von Kindern oder Jugendlichen, die zumeist nicht ausreichend versorgt sind, Verhaltensauffälligkeiten aufweisen, einer familienergänzenden Betreuung bedürfen und deren Eltern bei der Erziehung Unterstützung benötigen.
3. Rechtsfolgen: Angebote der
3.1 Hilfe zur Erziehung in einer Tagesgruppe, ggf. auch in einer geeigneten Form der Familienpflege
3.2 Begleitung der schulischen Förderung
3.3 Elternarbeit

> **4. Rechtscharakter**
> 4.1 objektiv-rechtliche Mussbestimmung
> 4.2 Rechtsanspruch des Personensorgeberechtigten

Hilfe zur Erziehung in einer Tagesgruppe hat sich aus dem vollstationären Bereich heraus entwickelt und wird im Verbund mit diesem, in verselbstständigter Form oder auch in geeigneten Formen der Familienpflege oder in hortähnlicher Unterbringung angeboten. Ziel ist die Sicherung des Verbleibs des Kindes oder Jugendlichen in seiner Familie und die Vermeidung von vollstationärer Heimunterbringung. Zielgruppen sind insbesondere verhaltensauffällige, aber auch lernbehinderte Kinder und Jugendliche, die dadurch parallel zum Schulunterricht sozialpädagogische Hilfen erhalten. Hilfen nach § 32 beinhalten ein Aufgabenspektrum von hortähnlicher Unterbringung bis hin zu behandlungs- und therapieorientierten Ansätzen und sind gekennzeichnet vor allem durch die drei Elemente

- soziales Lernen in der Gruppe (z. B. durch Entwicklung einer verlässlichen Tagesstruktur, gemeinsame Freizeitaktivitäten, pädagogisch begleitete Mahlzeiten),
- Begleitung der schulischen Förderung (Erledigung der Schularbeiten, Vor- und Nachbereitung des Schulunterrichtes) und
- regelmäßige Elternarbeit.

Letzteres setzt die Fähigkeit und Bereitschaft dazu voraus. Bei Hilfe nach § 32 ist eine enge Kooperation mit Elternhaus und Schule für den Erfolg der Maßnahme unerlässlich.

8.2 Vollzeitpflege (§ 33)

Die Erziehung von Kindern und Jugendlichen in Vollzeitpflege (siehe Übersicht 36) – anders als bei Tagespflege nach § 23 (siehe 6.3) – ist stationäre Hilfe zur Erziehung. Sie gehört zum klassischen Hilferepertoire der Kinder- und Jugendhilfe. Sie umfasst – zeitlich befristet oder auf Dauer angelegt – Erziehung, Betreuung und Gewährung von Unterkunft außerhalb der Herkunftsfamilie über Tag und Nacht bei einer Pflegeperson/Pflegefamilie, die dafür grundsätzlich einer Pflegeerlaubnis nach § 44 bedürfen (siehe dazu 11.1.2).

> **Vollzeitpflege (§ 33)** *Übersicht 36*
> 1. Adressatenkreis: Kinder und Jugendliche
> 2. Tatbestandsvoraussetzungen
> 2.1 Vorliegen der Voraussetzungen des § 27 Abs. 1
> 2.2 Vollzeitpflege ist geeignet und notwendig vor dem Hintergrund von Alter und Entwicklungsstand des Kindes oder Jugendlichen und der Erziehungsbedingungen in der Herkunftsfamilie.
> 3. Rechtsfolgen
> 3.1 Vermittlung einer zeitlich befristeten oder auf Dauer angelegten erzieherischen Hilfe in einer anderen Familie (Satz 1),
> 3.2 bei besonders entwicklungsbeeinträchtigten Kindern und Jugendlichen in (besonders) geeigneten Formen der Familienpflege (Satz 2)
> 4. Rechtscharakter
> 4.1 objektiv-rechtliche Mussbestimmung
> 4.2 subjektiver Rechtsanspruch des Personensorgeberechtigten

8.2.1 Kinder und Jugendliche in Vollzeitpflege

Vollzeitpflege kommt in Betracht, wenn Eltern zentrale Erziehungs- und Versorgungsfunktionen nicht (mehr) wahrnehmen (können) und wenn deshalb der Verbleib des Kindes oder Jugendlichen bei ihnen zumindest vorübergehend nicht (mehr) möglich oder vertretbar ist. Vollzeitpflege hat in den letzten Jahren zunehmend Bedeutung für ältere Kinder und Jugendliche und sogar junge Volljährige (vgl. § 41 Abs. 2) erlangt, während die Zahl der Erstunterbringungen kleinerer Kinder in Familienpflege rückläufig ist (Nothacker 2004, 213). Die zeitliche Perspektive kann befristet, ggf. mit gezielter Rückkehroption in die Herkunftsfamilie (z. B. nach Besserung der dortigen Verhältnisse), oder auf Dauer angelegt sein. Möglich sind auch Formen der „Wochenpflege", der Kurzzeit- oder Übergangspflege (z. B. bei befristeten Notsituationen) oder der heilpädagogischen Sonderpflege für besonders entwicklungsbeeinträchtigte Kinder und Jugendliche (nach § 33 Satz 2). Die Gewährung von Hilfe zur Erziehung in Vollzeitpflege hat sehr häufig Priorität vor der stationären Heimunterbringung nach § 34, weil das Kind oder der Jugendliche so in einer Familie leben und aufwachsen können. Bei stark entwicklungsgeschädigten oder verhaltensauffälligen jungen Menschen, insbesondere im Jugendlichenalter, findet sich jedoch häufig keine für die Übernahme einer solch schwierigen Aufgabe geeignete und bereite Pflegeperson (mehr).

8.2.2 Pflegepersonen

Pflegepersonen sind Personen oder Familien, die Kinder oder Jugendliche bei sich befristet oder auf Dauer angelegt unterbringen, pflegen, erziehen und betreuen. Der Begriff der „anderen Familie" in § 33 Satz 1 grenzt die Pflegeperson/Pflegefamilie von der Herkunftsfamilie der leiblichen Eltern ab. Möglich ist jedoch auch Vollzeitpflege bei Verwandten, z. B. Großeltern, oder im Haushalt des Vormundes (vgl. § 27 Abs. 2a), auch bei alleinstehenden Personen. Pflegepersonen erhalten in der Regel ein Pflegegeld vom zuständigen JA auf der Grundlage von § 39. Mit Ausnahme der Regelung in § 33 Satz 2 betreffend Familienpflege für besonders entwicklungsbeeinträchtigte Kinder gibt es in § 33 keine weiteren gesetzlichen Anforderungen im Hinblick auf die fachliche Qualifikation von Pflegepersonen. Allerdings ist gemäß § 44 Abs. 2, 3 die Pflegeerlaubnis zu versagen oder zurückzunehmen oder zu widerrufen, wenn das Wohl des Kindes oder Jugendlichen in der Pflegestelle nicht (mehr) gewährleistet ist. Die Pflegeperson hat darüber hinaus das JA gemäß § 44 Abs. 4 über wichtige Ereignisse zu unterrichten und Pflichten zur Zusammenarbeit nach § 37.

8.2.3 Vollzeitpflege und Zivilrecht

Auch bei Vollzeitpflege besteht das so genannte sozial- bzw. jugendhilferechtliche Dreiecksverhältnis (siehe 3.4). Während die hier unter 8.2 bisher erörterten Beziehungen zwischen den Personensorgeberechtigten und dem JA (§§ 27, 33, 39) einerseits und der Pflegeperson und dem JA andererseits (§§ 33, 37, 39, 44) je im öffentlichen Recht nach dem SGB VIII wurzeln, sind die Rechtsbeziehungen zwischen Personensorgeberechtigten und der Pflegeperson/Pflegefamilie zivilrechtlicher Natur. Rechtsgrundlage dafür ist zumeist ein zivilrechtlicher Pflegevertrag, in dem z. B. Regelungen zur Ausübung der Personensorge, zu Umgangsrechten mit dem Kind oder zu Haftungs- und Versicherungsfragen getroffen sind.

8.3 Heimerziehung/sonstige betreute Wohnform (§ 34)

Die Heimerziehung ist die wohl bekannteste Hilfe zur Erziehung – mit einem langen Traditionsbestand seit den Waisenhäusern vor Jahrhunderten, mit oft autoritär geführten Großeinrichtungen bis in die 1960er Jahre und mit differenzierten, personalintensiven Einrichtungen und sonstigen betreuten Wohnformen der Gegenwart. Die stationären Hilfen zur Erziehung nach § 34 sind die teuersten Einzelfallhilfen nach dem SGB VIII, auch wenn sie zumeist nicht mehr „lebenslange", sondern vielmehr auch zeitlich befristete Hilfen bis zur Volljährigkeit, mitunter auch darüber hinaus (nach § 41; siehe 8.6) darstellen. Zugleich sind Hilfen nach § 34 auch durch scheinbar „gegenläufige" Paradigmen wie Prävention und Intervention, aber auch Hilfe und Kontrolle gekennzeichnet (siehe Übersicht 37).

Heimerziehung, sonstige betreute Wohnform (§ 34)   *Übersicht 37*

1. Adressatenkreis: Kinder und Jugendliche
2. Tatbestandsvoraussetzungen
2.1 Voraussetzungen des § 27 Abs. 1
2.2 Hilfe zur Erziehung in einer Einrichtung über Tag und Nacht (Heimerziehung) oder in einer sonstigen betreuten Wohnform ist die geeignete und notwendige Hilfe
3. Rechtsfolgen
3.1 Gewährung von (stationärer) Hilfe zur Erziehung nach § 34 mit dem Ziel der Förderung der Entwicklung von Kindern und Jugendlichen durch eine Verbindung von Alltagserleben mit pädagogischen und therapeutischen Angeboten (Satz 1)
3.2 Beratung und Unterstützung in Fragen der Ausbildung und Beschäftigung sowie der allgemeinen Lebensführung (Satz 3)
4. Rechtscharakter
4.1 objektiv-rechtliche Mussbestimmung
4.2 subjektiver Rechtsanspruch des Personensorgeberechtigten

8.3.1 Kinder und Jugendliche in Heimerziehung oder sonstiger betreuter Wohnform

Heimerziehung oder eine sonstige betreute Wohnform nach § 34 über Tag und Nacht ist die geeignete und notwendige Hilfe, wenn Kinder oder Jugendliche bei Vorliegen der Voraussetzungen des § 27 Abs. 1 in ihrer Herkunftsfamilie keine hinreichenden Erziehungs- und Entwicklungsbedingungen (mehr) vorfinden, wenn deshalb ein Milieuwechsel erforderlich ist und wenn keine andere geeignete Hilfeart (insbesondere nach § 33) im Einzelfall in Betracht kommt. Die Hilfe zur Erziehung soll möglichst konkret mit Blick auf eine der drei in § 34 Satz 2 gekennzeichneten Zielsetzungen gewährt werden:

- eine Rückkehr in die Familie zu erreichen (Nr. 1),
- die Erziehung in einer anderen Familie vorzubereiten (Nr. 2) oder
- eine auf längere Zeit angelegte Lebensform zu bieten und auf ein selbstständiges Leben vorzubereiten (Nr. 3).

Anders als früher werden (erstmalige) Hilfen nach § 34 weniger für kleine als eher für ältere Kinder oder Jugendliche gewährt.

8.3.2 Einrichtungen

Träger von Heimen oder sonstigen Angeboten nach § 34 sind überwiegend solche der freien, aber auch der öffentlichen Kinder- und Jugendhilfe. Träger der freien Jugendhilfe sind insbesondere gemeinnützige Träger im Bereich der freien Wohlfahrtspflege, aber auch privat-gewerbliche und sonstige freie Träger. Sie alle offerieren heute ein breites, differenziertes Spektrum von Angeboten: „klassische" (Erziehungs-)Heime, heilpädagogische oder therapeutische Heime, Behindertenheime, Kinderdörfer, Jugendwohngemeinschaften, Wohngruppen (mitunter als Außengruppen von Heimen), betreutes Einzelwohnen. Die früheren „Großanstalten" gibt es so heute nicht mehr, jedoch vielfach Einrichtungen, die mit Schulen für Kinder und Jugendliche mit besonderen Schwierigkeiten verbunden sind.

8.3.3 Bezugspunkte zum Zivilrecht, Jugendstrafrecht und „geschlossene Unterbringung"

Auch im Bereich der Hilfe zur Erziehung nach § 34 gibt es das sozial- bzw. jugendhilferechtliche Dreiecksverhältnis (siehe 3.4). Es bestehen öffentlich-rechtliche Rechtsbeziehungen zwischen einerseits den Personensorgeberechtigten und dem Träger der öffentlichen Jugendhilfe (nach §§ 27, 34, 37, 39) und andererseits dem (zumeist freien) Träger der Einrichtung und wiederum dem Träger der öffentlichen Jugendhilfe (nach den §§ 78a ff; siehe 13.4). Außerdem gibt es auch hier einen zivilrechtlichen Aufnahmevertrag zwischen dem Träger der Einrichtung und den Personensorgeberechtigten.

Gemäß § 1631b BGB ist eine Unterbringung des Kindes oder Jugendlichen, die mit Freiheitsentziehung verbunden ist, nur mit Genehmigung des Familiengerichtes zulässig. Über die fachliche Sinnhaftigkeit von Einrichtungen der so genannten geschlossenen Unterbringung besteht seit Jahrzehnten ein heftiger Streit, bei dem entweder die so genannte geschlossene Unterbringung generell abgelehnt wird („Menschen statt Mauern") oder als „ultima ratio" unter bestimmten, eng definierten Voraussetzungen als vertretbar angesehen wird (z.B. Münder et al. 2006, § 34 Rdnr. 9; GK-SGB, VIII/Häbel 2008, § 34 Rdnr. 21 einerseits; Wiesner 2006, § 34 Rdnr. 18 bis 21, 11. Kinder- und Jugendbericht, Bundestagsdrucksache 14/8181, 240 andererseits; zusammenfassend Wiesner 2003c).

Hinzuweisen ist auch auf § 12 Nr. 2 JGG. Danach kann das Jugendstrafgericht einem Jugendlichen auch auferlegen, unter den im SGB VIII genannten Voraussetzungen Hilfe zur Erziehung nach § 34 in Anspruch zu nehmen.

8.4 Intensive sozialpädagogische Einzelbetreuung (§ 35)

Diese Hilfeart ist für Jugendliche in besonders gefährdeten Lebenssituationen (z.B. auf der Straße, nach einer „Heimkarriere", in Drogen-, Nichtsesshaften-, Prostituiertenmilieus) entwickelt worden, wo sonst die Gesellschaft vor der Alternative Strafvollzug oder Psychiatrie stünde oder, diese jungen Menschen vollständig aufzugeben. Intensive sozialpädagogische Einzelbetreuung nach

§ 35 (siehe Übersicht 38) kann nach eingehender Diagnose und mit Akzeptanz des jungen Menschen eine Möglichkeit darstellen, durch einen Milieuwechsel zumeist zu einem relativ weit entfernten Ort und durch den Aufbau einer intensiven, längerfristig angelegten Beziehung zu einer Fachkraft (ambulant) oder zu Fachkräften in einer Einrichtung (stationär) gleichsam „noch einmal eine positive Richtungsänderung" bei der Entwicklung des Jugendlichen anzustoßen. Auf deren Grundlage können weitere Maßnahmen und Hilfeangebote „aufgesetzt" und perspektivisch eine soziale Integration und eine eigenverantwortliche Lebensführung erreicht werden.

Intensive sozialpädagogische Einzelbetreuung (§ 35)

Übersicht 38

1. Adressatenkreis: (zumeist ältere) Jugendliche
2. Tatbestandsvoraussetzungen
2.1 Voraussetzungen von § 27 Abs. 1
2.2 Die Hilfe ist geeignet und notwendig als intensive Unterstützung zur sozialen Integration und eigenverantwortlichen Lebensführung (Satz 1).
3. Rechtsfolge: auf längere Zeit angelegte (ambulante oder stationäre) Hilfe entsprechend den individuellen Bedürfnissen (Satz 2)
4. Rechtscharakter
4.1 objektiv-rechtliche Mussbestimmung
4.2 subjektiver Rechtsanspruch des Personensorgeberechtigten

In der Vergangenheit sind Hilfen nach § 35 häufig in Form von Segel- oder Reiseprojekten in das Ausland gewährt worden. Dies hatte in Einzelfällen zu erheblicher Kritik geführt und ist gemäß § 27 Abs. 2 Satz 2 nur noch ausnahmsweise möglich. Auch Hilfen nach § 35 sind nunmehr grundsätzlich im Inland zu erbringen.

8.5 Eingliederungshilfe für seelisch behinderte Kinder und Jugendliche (§ 35a)

Bestandteil des Leistungskatalogs des SGB VIII ist gemäß § 35a (siehe Übersicht 39) auch die Eingliederungshilfe (nur) für seelisch behinderte Kinder und Jugendliche (siehe 2.1.3). Leistungen der Eingliederungshilfe für körperlich und/oder geistig behinderte Kinder werden gemäß § 10 Abs. 4 Satz 2 in Zuständigkeit der Sozialhilfeträger erbracht, die auch im Falle von Mehrfachbehinderungen zuständig sind, wenn sowohl Leistungen der Jugend- als auch der Sozialhilfe zu erbringen sind (BVerwG ZfJ 2000, 192). Die Eingliederungshilfe ist keine Hilfe zur Erziehung, weist jedoch Parallelen zu ihr auf und wird gemäß § 35a Abs. 2 ähnlich wie die Hilfe zur Erziehung sowie in Tageseinrichtungen für Kinder erbracht. Auch gelten mit Blick auf § 35a weitere Regelungen des SGB VIII wie bei der Hilfe zur Erziehung (§§ 36, 37, 39, 40, 78a ff, 91 ff).

Eingliederungshilfe für seelisch behinderte Kinder und Jugendliche (§ 35a)

Übersicht 39

1. Adressatenkreis: seelisch behinderte oder von einer solchen Behinderung bedrohte Kinder und Jugendliche nach § 35a Abs. 1 und 3
2. Tatbestandsvoraussetzungen (Abs. 1 Satz 1)
2.1 Die seelische Gesundheit weicht mit hoher Wahrscheinlichkeit länger als sechs Monate von dem für das Lebensalter typischen Zustand ab (Nr. 1).
2.2 Daher ist die Teilnahme am Leben in der Gesellschaft beeinträchtigt oder es ist eine solche Beeinträchtigung zu erwarten (Nr. 2).
3. Rechtsfolgen (§ 35a Abs. 2, 3, 4): Leistung der Hilfe nach dem Bedarf im Einzelfall mit dem Ziel der Beseitigung oder Minderung der Behinderung
3.1 in ambulanter Form,
3.2 in Tageseinrichtungen für Kinder oder in anderen teilstationären Einrichtungen,
3.3 durch geeignete Pflegepersonen und
3.4 in Einrichtungen über Tag und Nacht sowie in sonstigen Wohnformen.
4. Rechtscharakter
4.1 objektiv-rechtliche Mussbestimmung
4.2 subjektiver Rechtsanspruch des Kindes oder Jugendlichen

8.5.1 Seelisch behinderte oder von einer solchen Behinderung bedrohte Kinder und Jugendliche

Entsprechend den Regelungen des SGB IX (Rehabilitation und Teilhabe) wird auch in § 35a Abs. 1 Satz 1 der Begriff der seelischen Behinderung formuliert (siehe Gesetzestext und Übersicht 39). Wann jedoch ein Kind oder Jugendlicher nicht mehr seelisch „gesund", sondern seelisch krank oder behindert in diesem Sinne ist, wird in der Praxis aus medizinischer oder psychotherapeutischer Sicht beurteilt, insbesondere anhand von Krankheitsbegriffen der Psychiatrie, aber auch anhand von § 3 der Eingliederungshilfeverordnung zu § 60 SGB XII. „Seelische Störungen" sind danach: körperlich nicht begründbare Psychosen (Nr. 1), bestimmte seelische Störungen (Nr. 2), Suchtkrankheiten (Nr. 3), Neurosen und Persönlichkeitsstörungen (Nr. 4). Mit Blick auf Kinder und Jugendliche sind insbesondere auch folgende Diagnosen relevant: frühe Bindungsstörungen, Hospitalismus, Angst- oder Zwangsneurosen, Hysterien, Borderline-Persönlichkeitsstörungen und hyperkinetische Störungen.

Legasthenien (Lese- und Rechtschreibschwächen) oder Dyskalkulien (Rechenschwächen) sind Lernschwächen, deren Beseitigung vorrangig Aufgabe der Schule ist (vgl. § 10 Abs. 1 Satz 1); § 35a ist insoweit nachrangig (BVerwG, FEVS 33, 457 = NDV-Rechtsprechungsdienst 1999, 1971; Hessischer Verwaltungsgerichtshof, Jugendhilfe 2001, 212; Verwaltungsgerichtshof Baden-Württemberg, Jugendhilfe 2001, 214).

8.5.2 Leistungen der Eingliederungshilfe für seelisch behinderte Kinder und Jugendliche

Leistungen der Eingliederungshilfe für seelisch behinderte Kinder und Jugendliche werden je nach Bedarf im Einzelfall gemäß § 35a Abs. 2, 3 (wie Hilfen zur Erziehung) in ambulanter, teilstationärer oder stationärer Form geleistet, ggf. auch in geeigneten Kindertagesstätten. Gegebenenfalls sind Hilfen nach § 35a und nach §§ 27 ff gemäß § 35a Abs. 4 Satz 1 in denselben Einrichtungen zu leisten.

Auf Leistungen der Eingliederungshilfe für seelisch behinderte Kinder und Jugendliche besteht gemäß § 35a Abs. 1 ein einklagbarer Rechtsanspruch. Dieser ist den Kindern und Jugendlichen selbst und (anders als bei Hilfe zur Erziehung) nicht den Personensorgeberechtigten zugeordnet, weil diese durch Leistungen nach §35a nicht in ihren elterlichen Erziehungsrechten beeinträchtigt werden können.

8.5.3 Besondere Verfahrensvorschriften

Gemäß §35a Abs. 1a sind zwecks Feststellung der Abweichung der seelischen Gesundheit nach Abs. 1 Satz 1 Nr. 1 fachärztliche bzw. psychotherapeutische Stellungnahmen einzuholen. Die Personen, die solche Stellungnahmen abgegeben haben, sollen nach §36 Abs. 3 auch im Hilfeplanverfahren beteiligt werden.

8.6 Hilfe für junge Volljährige (§41)

Seit Inkrafttreten des SGB VIII (1990/1991) enden Hilfen zur Erziehung in Zuständigkeit der Kinder- und Jugendhilfe nicht mehr „automatisch" mit der Vollendung des 18. Lebensjahrs, sondern können im Volljährigenalter fortgesetzt oder sogar erst dann begonnen werden (siehe Übersicht 40).

Hilfe für junge Volljährige (§41) *Übersicht 40*

1. Adressatenkreis (Abs. 1)
1.1 (zuvor) Minderjährige in Hilfen zur Erziehung, die volljährig geworden sind, sowie
1.2 junge (bereits) Volljährige, jeweils bis zum Alter von in der Regel 20 Jahren, in begründeten Einzelfällen auch darüber hinaus (theoretisch bis zum Alter von unter 27 Jahren, vgl. § 7 Abs. 1 Nr. 3)
2. Tatbestandsvoraussetzung (Abs. 1): Notwendigkeit der Hilfe aufgrund der individuellen Situation des jungen Menschen
3. Rechtsfolgen
3.1 Hilfe zur Persönlichkeitsentwicklung und zu einer eigenverantwortlichen Lebensführung gemäß Abs. 2 i. V. m. § 27 Abs. 3 und 4, §§ 28 bis 30, 33 bis 36, 39 und 40.
3.2 Beratung und Unterstützung auch nach Beendigung der Hilfe (Abs. 3)

4. Rechtscharakter
4.1 objektiv-rechtliche Sollbestimmung
4.2 subjektiver Regel-Rechtsanspruch des jungen Volljährigen

Die Hilfe für junge Volljährige ist nicht mehr Hilfe zur Erziehung, sondern eine eigenständige Leistung des Kinder- und Jugendhilferechts, deren Ausgestaltung gemäß § 41 Abs. 2 aber weitestgehend der Hilfe zur Erziehung entspricht, mit der Maßgabe allerdings, dass der junge Volljährige nunmehr an die Stelle des Personensorgeberechtigten tritt. Mit der hinreichend präzise gefassten Sollbestimmung in Abs. 1 korrespondiert wegen der Anlehnung an §§ 27 ff in Abs. 2 nach nahezu einhelliger Auffassung auch ein so genannter Regel-Rechtsanspruch des jungen Volljährigen aufgrund einer Interpretation der Norm (Nachweise bei Wabnitz 2005, 216, 217). In der Praxis erfolgen Leistungen nach § 41 nur selten über das 21. Lebensjahr hinaus und sind spätestens ab 27 Jahren rechtlich unzulässig („kein gleitender Übergang von der Jugend- in die Altenhilfe").

Literatur

Blandow, J. (2004): Pflegekinder und ihre Familien
Deutscher Verein für öffentliche und private Fürsorge (2004): Weiterentwickelte Empfehlungen zur Vollzeitpflege / Verwandtenpflege
Kunkel, P.-Chr., Haas, G. (2006): Die Eingliederungshilfe nach § 35a SGB VIII in der Neufassung durch das KICK aus rechtlicher und medizinischer Sicht
Nüsken, D. (2006): Vom Erfolgs- zum Auslaufmodell? Hilfen für junge Volljährige
Struck, N. u. a. (Hrsg.) (2003): Reform der Heimerziehung – Eine Bilanz
Wiesner, R. (2003c): Freiheitsentziehung in pädagogischer Verantwortung? Zur Diskussion der geschlossenen Unterbringung

Fall 8: Vollzeitpflege für Maria

Die 20-jährige Anna (A) hat das alleinige Sorgerecht für ihre einjährige Tochter Maria (M). Sie hat sich das Kind nicht gewünscht und nur aus Gewissensgründen zur Welt gebracht. Von Anfang an ist ihr M lästig und sie lehnt sie ab. Nach Einschätzung von Nachbarn hat sie M auch wiederholt vernachlässigt. A möchte wieder arbeiten gehen und sich auch an den Wochenenden mit Freunden vergnügen. Sie möchte deshalb M nunmehr in Vollzeitpflege geben.

1. A wendet sich deshalb an das in ihrer Nachbarschaft befindliche LJA, das sie als „bürgernahe" Behörde für zuständig hält, und stellt dort einen Antrag auf Vollzeitpflege für M.
2. Hätte A einen Rechtsanspruch auf Gewährung von Vollzeitpflege für M?
3. Was wäre verfahrensmäßig zu beachten?
4. Könnte M auch bei ihren Großeltern, also den Eltern von A, in Vollzeitpflege gegeben werden, die dazu gerne bereit wären, dafür Zeit haben und ihr Enkelkind auch sehr lieben?
5. Bedarf es dazu einer Pflegeerlaubnis?
6. Darf A ihr Kind im Fall der Vollzeitpflege bei den Großeltern weiterhin besuchen?
7. Was dürfen die Großeltern im Alltag im Hinblick auf M selbst entscheiden?

9 Hilfe zur Erziehung III

In Kapitel 9 werden die so genannten „Annex-Leistungen" (9.1) und sodann die recht umfangreichen Verfahrensvorschriften zu den §§ 27 bis 41 (9.2 bis 9.6) behandelt. Weitere Regelungen über die Finanzierung von Leistungen nach den §§ 27 ff im Verhältnis zwischen Trägern der freien und der öffentlichen Jugendhilfe enthalten die §§ 74, 77, 78a ff (siehe 13.2 bis 13.4.). Die Kostenbeteiligung (zumeist der Personensorgeberechtigten) ist in §§ 91 ff (siehe 14.2) geregelt.

9.1 Leistungen zum Unterhalt, Krankenhilfe (§§ 39, 40)

Werden teilstationäre oder stationäre Leistungen der Hilfe zur Erziehung oder der Eingliederungshilfe nach § 35a gewährt, umfassen diese Leistungen ggf. auch so genannte „Annex-Leistungen" („als Anhang") in Form von Unterhalt (§ 39) und Krankenhilfe (§ 40). Entsprechendes gilt gemäß § 41 Abs. 2 auch bei Hilfen für junge Volljährige. Diese begleitenden Hilfen können nicht unabhängig von Leistungen nach den §§ 27 ff, 35a, 41 gewährt werden, setzen diese also voraus.

9.1.1 Leistungen zum Unterhalt des Kindes oder des Jugendlichen (§ 39)

In der Praxis besonders wichtig sind Leistungen für den „notwendigen Unterhalt" außerhalb des Elternhauses nach § 39 Abs. 1 Satz 1 (siehe Übersicht 41). Dieser umfasst (in Anlehnung an das Sozialhilferecht) alles, was die Führung eines menschenwürdigen Lebens einschließlich der Teilnahme am Leben in der Gemeinschaft erfordert (Wiesner 2006, § 39 Rdnr. 11). Dies sind insbesondere Kosten für Ernährung, Unterkunft, Kleidung, Hausrat, Körperpflege und die persönlichen Bedürfnisse des täglichen Lebens (Münder 2007a, 118). Gemäß § 39 Abs. 1 Satz 2 sind es auch die Kosten für Pflege und Erziehung und gemäß § 39 Abs. 2 Satz 2 (außer im Fall des § 32 und des § 35a Abs. 2 Nr. 2) auch ein angemessener Barbetrag zur persönlichen Verfügung des Kindes oder des Jugendlichen. Trotz rein objektiv-rechtlicher Formulierung beinhaltet § 39 Abs. 1 bei Vorliegen von dessen Voraussetzungen nach ganz überwiegender Auffassung auch einen subjektiven Rechtsanspruch – meines Erachtens des Kindes oder des Jugendlichen selbst, weil hier keine Erziehungsrechte der Eltern tangiert sein können (Nachweise bei Wabnitz 2005, 212–214).

Leistungen zum Unterhalt des Kindes oder Jugendlichen (§ 39)

Übersicht 41

1. Adressatenkreis
1.1 Kinder oder Jugendliche
1.2 junge Volljährige
2. Tatbestandvoraussetzungen
2.1 bei Kindern oder Jugendlichen: Gewährung von Hilfen nach §§ 32 bis 35, 35a Abs. 2 Nr. 2 bis 4
2.2 bei jungen Volljährigen: Gewährung von Hilfen nach § 41 Abs. 1, 2
3. Rechtsfolgen
3.1 Sicherstellung des „notwendigen Unterhaltes" außerhalb des Elternhauses, einschließlich der Kosten der Erziehung (Abs. 1)
3.2 Deckung des gesamten, regelmäßig wiederkehrenden Bedarfs, in der Regel („soll") durch laufende Leistungen gemäß Abs. 2, 4
3.3 ggf. Gewährung einmaliger Beihilfen in besonderen Fällen gemäß Abs. 3 („können")
3.4 Sicherstellung des notwendigen Unterhaltes auch des Kindes eines Kindes oder Jugendlichen (Abs. 7)
4. Rechtscharakter (Abs. 1)
4.1 objektiv-rechtliche Mussbestimmung
4.2 subjektiver Rechtsanspruch des Kindes oder Jugendlichen

9.1.2 Krankenhilfe (§ 40)

Sofern das Kind oder der Jugendliche bzw. die Eltern nicht krankenversichert sind, ist als Annex zu den stationären Hilfen außerhalb der eigenen Familie gemäß § 40 Satz 1 auch Krankenhilfe im Umfang der Regelungen des Sozialhilferechts zu leisten, und zwar gemäß Satz 2 „in voller Höhe" zur Befriedigung des im Einzelfall notwendigen Bedarfs.

9.2 Mitwirkung bei Hilfen zur Erziehung (§ 36)

Die Tatbestandsvoraussetzungen der §§ 27 ff beinhalten (siehe 7.1.1) häufig unbestimmte Rechtsbegriffe, weil es sich bei den Hilfen zur Erziehung im Kern um pädagogisch-therapeutische und um prognostische Entscheidungen handelt, die sich einer primär juristischen Determination entziehen. Umso wichtiger ist es, dass zwecks Gewährleistung einer möglichst hohen Qualität der Entscheidungen des JA über die im Einzelfall zu gewährende Hilfeart die Verfahrensvorschriften der §§ 36 ff eingehalten werden, die im Wesentlichen auch für die Eingliederungshilfe nach § 35a und die Hilfe für junge Volljährige nach § 41 gelten. Verfahren zur Gewährung von Hilfen zur Erziehung laufen in etwa in den in der Tabelle 1 genannten Schritten ab.

Im Mittelpunkt des Verfahrens stehen also intensive Sachverhaltsaufklärung und Beteiligung der Personensorgeberechtigten und ggf. des Kindes oder des Jugendlichen. Auf deren Zustimmung zu einer entsprechenden Entscheidung kommt es dabei juristisch streng genommen nicht an, so dass der in der Fachliteratur häufig verwendete Terminus „Aushandlungsprozess" zwischen Beteiligten und JA im Verwaltungsverfahren nach § 36 so nicht zutreffend ist. Aus fachlicher Sicht werden jedoch Entscheidungen, die gegen den Willen der Beteiligten getroffen werden, allzu oft nicht zum Erfolg führen (zum Ganzen GK-SGB VIII/Nothacker 2008, § 36 Rdnr. 21 ff). § 36 und die ergänzend anzuwendenden Vorschriften des SGB X betreffen ein Verwaltungsverfahren, an dessen (vorläufigem) Ende die hoheitliche Entscheidung des JA über die Gewährung oder Nichtgewährung einer bestimmten Hilfe zur Erziehung steht. Diese Entscheidung stellt einen „klassischen" Verwaltungsakt im Sinne von § 31 Satz 1 SGB X dar, näm-

Tab. 1: Verfahren zur Gewährung von Hilfen zur Erziehung

Schritte	Rechtsgrundlagen
1. Zuständigkeitsprüfung	Sachliche Zuständigkeit: § 85 Örtliche Zuständigkeit: § 86
2. Beratung des Personensorge- berechtigten und des Kindes/Jugendlichen	§ 36 Abs. 1 Satz 1
3. Adoptionsmöglichkeit prüfen bei Fremdplatzierung	§ 36 Abs. 1 Satz 2
4. Beratung im Team (Sozialarbeiter, Psychologe, Arzt)	§ 36 Abs. 2 Satz 1
5. Aufstellung eines Hilfeplans zusammen mit den Personen- sorgeberechtigten und dem Kind/Jugendlichen, ggf. Beteiligung anderer	§ 36 Abs. 2 Satz 2
6. Antragstellung des Personen- sorgeberechtigten	§ 36 Abs. 1 Satz 1
7. Entscheidung über Antrag	§ 36 Abs. 1 Satz 1
8. Bekanntgabe der Entscheidung durch Bescheid (VA)	§ 36 Abs. 1 Satz 1 i. V. m. § 37 SGB X
9. Kostenübernahmeerklärung gegenüber der Einrichtung	§ 77, §§ 78a bis e
10. Festlegung der Zusammenarbeit mit der Herkunftsfamilie und ggf. Erarbeitung einer Rückkehr- perspektive	§ 37 Abs. 1
11. Heranziehung zu den Kosten durch Kostenbeitrag (VA)	§§ 91 ff

lich eine verbindliche Entscheidung eines Trägers hoheitlicher Verwaltung auf dem Gebiet des öffentlichen Rechts zur Regelung eines Einzelfalles mit für die Personensorgeberechtigten unmittelbarer rechtlicher Außenwirkung.

9.3 Hilfeplan

Die Regelungen des § 36 Abs. 1, gleichsam über die „externe Kooperation" des JA mit den Beteiligten, erfahren eine wichtige Ergänzung durch § 36 Abs. 2 (dazu Gragert 2007). Als zentrales Instrument der „internen Kooperation" im JA schreibt § 36 Abs. 2 bei Hilfen zur Erziehung von voraussichtlich längerer Dauer die Aufstellung eines Hilfeplanes vor der Entscheidung über die zu gewährende Hilfeart im Zusammenwirken mehrerer Fachkräfte vor, der zudem in regelmäßigen Abständen zu überprüfen und ggf. fortzuschreiben ist. Erscheinen Hilfen nach § 35a erforderlich, soll gemäß § 36 Abs. 3 eine Stellungnahme der zumeist ärztlichen Gutachter nach § 35a Abs. 1a eingeholt werden. Der Hilfeplan ist ein ganz wesentliches Instrument zur Gewährleistung einer fachlich überzeugenden Entscheidungsfindung; er ist jedoch nicht Rechtmäßigkeitsvoraussetzung der Jugendhilfeleistung (BVerwG FEVS 51, 152; Verwaltungsgerichtshof Baden-Württemberg ZfJ 2000, 115).

9.4 Zusammenarbeit bei Hilfen zur Erziehung außerhalb der eigenen Familie (§§ 37, 38)

In §§ 37, 38 sind weitere Verfahrensvorschriften enthalten.

9.5 Steuerungsverantwortung, Selbstbeschaffung (§ 36a)

In der kinder- und jugendhilferechtlichen Diskussion war lange außerordentlich strittig (Wabnitz 2004b, 183 f), ob die so genannte „Selbstbeschaffung" von Jugendhilfeleistungen (dazu umfassend Hinrichs 2003) auch ohne vorherigen Antrag und vorherige positive Entscheidung des JA zu Lasten des Trägers der öffentlichen Jugendhilfe rechtlich zulässig sei oder nicht. Der Gesetzgeber hat auf der Grundlage der Rechtsprechung des Bundesverwaltungsgerichts (ZfJ 2001, 210) mit dem Ziel der Stärkung der Steuerungsverantwortung des JA mit Wirkung ab dem 1.10.2005 in § 36a die in Übersicht 42 genannten Entscheidungen getroffen, die zugleich auch für das Verhältnis von Jugendhilfe und Justiz bedeutsam sind.

> **Übersicht 42**
>
> **Steuerungsverantwortung des JA/Selbstbeschaffung (§ 36a)**
> 1. Kostentragungspflicht des Trägers der öffentlichen Jugendhilfe mit Blick auf
> 1.1 Leistungsberechtigte nach §§ 27 ff sowie
> 1.2 durch das Familiengericht oder den Jugendrichter (JGG) zur Inanspruchnahme von Hilfen Verpflichtete
> grundsätzlich nur dann, wenn Hilfe (auch) aufgrund der Entscheidung des Trägers der öffentlichen Jugendhilfe nach Maßgabe des Hilfeplans erbracht wird, Abs. 1
> 2. Ausnahme: ggf. unmittelbare Inanspruchnahme von ambulanten Hilfen, insbesondere der Erziehungsberatung; dazu: Vereinbarungen mit dem öffentlichen Träger, Abs. 2
> 3. Ansonsten: Kostentragungspflicht des Trägers der öffentlichen Jugendhilfe im Hinblick auf so genannte „selbst beschaffte Jugendhilfeleistungen" nur ausnahmsweise, Abs. 3

9.6 Herbeiführung von Entscheidungen des Familiengerichts

Nicht selten ist nach Auffassung des JA Hilfe zur Erziehung (dann zumeist außerhalb der eigenen Familie) geboten, obwohl die Personensorgeberechtigten nicht kooperativ sind und insbesondere keinen Antrag auf Hilfe zur Erziehung stellen. Dies kann aus der Perspektive der Verpflichtung zur Wahrnehmung des staatlichen Wächteramtes (Art. 6 Abs. 2 Satz 2 GG; siehe 1.2) bei einer Gefahr für das Wohl des Kindes oder des Jugendlichen nicht hingenommen werden. Hier muss deshalb ggf. ein Eingriff in elterliche Sorgerechte durch das Familiengericht nach §§ 1666 ff BGB vorgenommen werden. Hält das JA insoweit ein Tätigwerden des Familiengerichtes für erforderlich, so hat es gemäß § 8a Abs. 3 Satz 1 das Gericht anzurufen. Besteht darüber hinaus eine dringende Gefahr für das Wohl des Kindes oder Jugendlichen und kann die Entscheidung nicht abgewartet werden, so hat das JA gemäß § 8a Ab Satz 2 das Kind oder den Jugendlichen in Obhut zu nehm dazu auch § 42; siehe 10.2). Eine häufig getroffene geri scheidung besteht in der Kombination der folgenden M

- Entzug des Aufenthaltsbestimmungsrechts nach § 1631 Abs. 1 BGB als Teil des elterlichen Sorgerechts
- sowie Entzug des Rechtes, Anträge auf Hilfe zur Erziehung nach §§ 27 ff SGB VIII zu stellen,
- verbunden mit der Bestellung eines Pflegers nach § 1909 BGB, der in Wahrnehmung der den Eltern entzogenen Rechte die Antragstellung nach § 27 SGB VIII und z. B. die Unterbringung des Kindes in einer Pflegefamilie oder in einem Heim (nach §§ 33, 34) in die Wege leitet.

Ist auch dies im Einzelfall nicht ausreichend, müssen noch gravierendere Maßnahmen getroffen werden: z. B. Entzug weiterer Teile des Personensorgerechtes bzw. des gesamten Personensorgerechts und Übertragung dieser Rechte auf einen Pfleger oder äußerstenfalls sogar „Vollentzug" der gesamten elterlichen Sorge (Personensorge, Vermögenssorge, einschließlich der gesetzlichen Vertretung) und Bestellung eines Vormundes, sofern kein anderer sorgeberechtigter Elternteil vorhanden ist.

Vertiefung

Die Voraussetzungen für Maßnahmen des Familiengerichtes sind in § 1666 Abs. 1 BGB geregelt (siehe Übersicht 43).

Gerichtliche Maßnahmen bei Gefährdung des Kindeswohls nach § 1666 BGB

Übersicht 43

1. Es liegt vor: eine konkrete Gefährdung des Kindeswohls, und zwar entweder des
1.1 körperlichen,
1.2 geistigen oder
1.3 seelischen Wohls des Kindes oder
1.4 seines Vermögens;
2. zugleich sind die Personenberechtigten
2.1 nicht gewillt oder
2.2 nicht in der Lage,
die Gefahr abzuwenden (z. B. durch Zustimmung zu Maßnahmen nach §§ 27 ff SGB VIII).
3. Rechtsfolge: Gebote, Verbote, sonstige Maßnahmen

📖 Literatur

Gragert, N. (2007): Bedingungen und Voraussetzungen für eine beteiligungsorientierte Hilfeplanerstellung, ZKJ, 277
Hinrichs, K. (2003): Selbstbeschaffung im Jugendhilferecht
Merchel, J. (2006): Hilfeplanverfahren bei den Hilfen zur Erziehung, 2. Aufl.
Münder, J., Mutke, B. et al. (2007): Die Praxis des Kindschaftsrechts in Jugendhilfe und Justiz

Fall 9: Harald auf der Straße

Nach Verbüßung einer Freiheitsstrafe in einer Jugendstrafanstalt steht der 18-jährige Harald (H) buchstäblich „auf der Straße". Zu seinen Eltern kann er nicht mehr gehen, weil diese jegliche Beziehung zu ihm verweigern. Seine Ausbildung zum Kraftfahrzeugmechaniker hatte er vor Haftantritt abbrechen müssen. Zum Glück kennt er noch den Sozialarbeiter S von früher, der ihn nunmehr berät. H ist in seiner Persönlichkeitsentwicklung noch nicht gefestigt und benötigt Hilfe zur Lebensführung. S rät H deshalb, beim örtlichen JA einen Antrag auf „Volljährigenhilfe nach KJHG" zu stellen. H stellt einen solchen Antrag, der vom JA jedoch abgelehnt wird, und zwar mit folgender Begründung: Zum einen sei für Erwachsene das Sozialamt und nicht das JA zuständig, und zum anderen sei der (ohnehin gekürzte) Jugendhilfeetat in diesem Jahr wegen starker Inanspruchnahme durch ambulante Maßnahmen für Spätaussiedlerkinder bereits erschöpft.

1. Ist das JA sachlich zuständig?

2. Ist das JA zur Bewilligung der beantragten Maßnahme verpflichtet? Hat H eventuell sogar einen Rechtsanspruch auf Hilfegewährung?

3. Was kann H unternehmen?

4. Kann evtl. S Widerspruch einlegen, weil er meint, H sei unrechtmäßig behandelt worden?

5. Kann sich H ggf. selbst an einen geeigneten Träger der freien Jugendhilfe wenden, sich von dort Hilfe gewähren lassen und die dadurch entstehenden Kosten dem JA in Rechnung stellen?

10 Andere Aufgaben der Kinder- und Jugendhilfe I

10.1 Besonderheiten der anderen Aufgaben nach §§ 42 bis 60

In den Kapiteln vier bis neun sind ausführlich die Leistungen der Kinder- und Jugendhilfe im Sinne von § 2 Abs. 2 Nr. 1 bis 6, §§ 11 bis 41 behandelt worden (siehe dazu 3.1.1). Kapitel zehn und elf befassen sich nunmehr mit den so genannten anderen Aufgaben der Kinder- und Jugendhilfe nach § 2 Abs. 3 Nr. 1 bis 13, §§ 42 bis 60 (siehe dazu 3.1.2). Bei diesen handelt es sich, wie bereits ausgeführt, um Aufgaben zum Schutz von Kindern und Jugendlichen, um Aufgaben bei der Zusammenarbeit mit den Gerichten und um (rein) administrativ-hoheitliche Aufgaben.

Deshalb werden die anderen Aufgaben – anders als bei den Leistungen (vgl. § 3 Abs. 2 Satz 1) – gemäß § 3 Abs. 3 Satz 1 grundsätzlich von den Trägern der öffentlichen Jugendhilfe selbst wahrgenommen. Allerdings können auch Träger der freien Jugendhilfe gemäß § 3 Abs. 3 Satz 2 in bestimmten Fällen solche Aufgaben wahrnehmen oder damit betraut werden, wenn dies gesetzlich ausdrücklich bestimmt ist und (!) wenn der Träger der öffentlichen Jugendhilfe dies so entscheidet. Träger der freien Jugendhilfe haben insoweit also kein originäres, sondern ein abgeleitetes (derivatives) Betätigungsrecht, und dies gemäß § 76 Abs. 1 ggf. nur im Bereich der Aufgaben nach den §§ 42, 50 bis 52a und 53 Abs. 2 bis 4, nicht jedoch bei den übrigen anderen Aufgaben nach den §§ 43 bis 60. Letztere können zumeist bereits von ihrer hoheitlichen Struktur her nicht von Trägern der freien Jugendhilfe wahrgenommen werden.

Auch bei Wahrnehmung von anderen Aufgaben durch Träger der freien Jugendhilfe aufgrund § 76 Abs. 1 bleibt gemäß § 76 Abs. 2 weiterhin der Träger der öffentlichen Jugendhilfe für die Erfüllung dieser Aufgaben verantwortlich. Er kann deshalb dem Träger der freien Jugendhilfe auch sachlich-inhaltliche Vorgaben für die Wahrnehmung von anderen Aufgaben nach § 76 Abs. 1 machen, was im Bereich der Leistungen der Kinder- und Jugendhilfe so nicht möglich ist (vgl. § 4 Abs. 1 Satz 2). Träger der freien Jugendhilfe sind hier also deutlich weniger „frei" als bei der Erbringung von Leistungen nach § 3 Abs. 2 Satz 1.

Mit Ausnahme von § 53 Abs. 2 („Anspruch") sind die §§ 42 bis 60 rein objektiv-rechtlich formuliert. Selten erörtert wird die Frage, ob hier dennoch mit weiteren Vorschriften auch subjektive Rechtsansprüche korrespondieren. Meines Erachtens ist dies häufig dann der Fall, wenn die §§ 42 ff auch „leistungsähnliche Elemente" enthalten (im Einzelnen Wabnitz 2005, 218 ff).

10.2 Inobhutnahme von Kindern und Jugendlichen (§ 42)

Inobhutnahme ist die vorläufige (!), nicht dauerhafte Unterbringung eines Kindes oder eines Jugendlichen durch das JA zu dessen Schutz z. B. bei einer geeigneten Person, in einer Bereitschaftspflegestelle, in einer Einrichtung oder in einer sonstigen betreuten Wohnform, einer Jugendschutzstelle. Gemäß § 76 Abs. 1 können die Träger der öffentlichen Jugendhilfe Träger der freien Jugendhilfe an der Durchführung dieser Aufgabe beteiligen oder ihnen diese Aufgabe übertragen.

Aufgrund von § 42 können bzw. müssen ggf. auch gegen den Willen von jungen Menschen oder Personensorgeberechtigten in Kompetenz des JA (Schutz-)Maßnahmen bei Gefahren für das Wohl von Kindern und Jugendlichen ergriffen werden (siehe Übersicht 44).

Inobhutnahme von Kindern und Jugendlichen (§ 42) *Übersicht 44*

1. Adressaten: ein Kind oder ein Jugendlicher nach Abs. 1 Satz 1,
1.1 das/der (von sich aus!) um Obhut bittet (Nr. 1),
1.2 bei dringender Gefahr für dessen Wohl (Nr. 2) oder
1.3 als unbegleiteter minderjähriger Flüchtling (Nr. 3)
2. Aufgaben des JA (bzw. eines beteiligten freien Trägers) (u. a. nach Abs. 1 Satz 2, Abs. 2 bis 5)
2.1 Sorge für das Wohl des Kindes, Unterhalt, Krankenhilfe
2.2 ggf. Vornahme dabei erforderlicher Rechtshandlungen

2.3 Klärung der Situation und Risikoabschätzungen
2.4 Aufzeigen von Hilfemöglickeiten/Entscheidung darüber
2.5 Benachrichtigung/Unterrichtung des Personensorgeberechtigten
2.6 Berücksichtigung von dessen (mutmaßlichem) Willen
2.7 ggf. Bestellung eines Vormundes/Pflegers
2.8 Übergabe des Kindes/Jugendlichen an den Personensorgeberechtigten
2.9 ggf. Herbeiführung einer Entscheidung des Familiengerichts
2.10 ggf. zusätzlich/vorab freiheitsentziehende Maßnahmen, befristet bis zum Ablauf des nächsten Tages nach Beginn
3. Des Weiteren:
3.1 Wahrnehmung des Schutzauftrages durch das JA bzw. durch einen Träger der freien Jugendhilfe (§ 8a Abs. 1 bzw. 2)
3.2 Tätigwerden des Familiengerichts (§§ 1666 ff BGB)
4. Rechtscharakter
4.1 objektiv-rechtliche Mussbestimmung
4.2 subjektiver Rechtsanspruch des Kindes oder des Jugendlichen

10.2.1 Adressatenkreis

§ 42 betrifft drei Gruppen von Kindern und Jugendlichen. Gemäß § 42 Abs. 1 Satz 1 Nr. 1 ist das JA berechtigt und verpflichtet, ein Kind oder einen Jugendlichen in seine Obhut zu nehmen, wenn das Kind oder der Jugendliche um Obhut bittet (so genannter „Selbstmelder"). Dies ist z. B. der Fall, wenn ein Kind oder ein Jugendlicher von zu Hause weggelaufen ist, sich von einer Reisegruppe entfernt hat oder sonst „verloren gegangen" ist. Dieselbe Berechtigung und Verpflichtung obliegt dem JA im häufigeren Falle des so genannten „Fremdmelders", wenn gemäß § 42 Abs. 1 Satz 1 Nr. 2 eine dringende Gefahr für das Wohl des Kindes oder des Jugendlichen die Inobhutnahme erfordert. Dies ist z. B. der Fall, wenn ein Kind/Jugendlicher in einem jugendgefährdenden Milieu oder sonst in einer gefährlichen Situation gefunden oder aufgegriffen wird, besonders häufig nachts, an Wochenenden, auf der Straße.

Schließlich gehören gemäß § 42 Abs. 1 Satz 1 Nr. 3 zum Adressatenkreis von § 42 ausdrücklich auch ausländische Kinder oder Jugendliche, die unbegleitet nach Deutschland kommen und deren

Personensorge- oder Erziehungsberechtigte sich nicht im Inland aufhalten.

§ 42 erfasst auch die früher in § 43 geregelten Fälle der Inobhutnahme von Kindern oder Jugendlichen, die sich im Einvernehmen mit den Personensorgeberechtigten bei einer bestimmten Person oder in einer bestimmten Einrichtung aufgehalten haben, wenn dort (nunmehr) eine entsprechende Gefahrenlage besteht. Durch die neue Formulierung von § 42 erhält das JA zudem auch die Erlaubnis, das gefährdete Kind oder den Jugendlichen auch seinem Personensorgeberechtigten selbst zu entziehen (Fieseler/Hannemann 2006, 120, 197).

Strittig ist die Frage, ob mit den rein objektiv-rechtlich formulierten Bestimmungen des § 42 auch (durch Interpretation zu ermittelnde) subjektive Rechtsansprüche des betroffenen Kindes oder Jugendlichen korrespondieren (vgl. 3.2). Meines Erachtens ist dies eindeutig zu bejahen, da der Adressatenkreis der (präzise formulierten!) Normen des § 42 klar bestimmt und § 42 (im Lichte auch von Art. 6 Abs. 2 Satz 2 GG bzw. § 1 Abs. 3 Nr. 3 SGB VIII) gerade dazu bestimmt ist, dem Schutz der betroffenen Kinder und Jugendlichen zu dienen (im Einzelnen Wabnitz 2005, 219–223 m.w.N.).

10.2.2 Aufgaben des Jugendamtes

In § 42 Abs. 1 Satz 2, Abs. 2 bis 5 sind zahlreiche konkrete Aufgaben des JA für den Fall der Inobhutnahme normiert (siehe Übersicht 44). Teilweise nimmt das JA Sorgerechte wahr und hat ggf. das Kind oder den Jugendlichen an die Personensorgeberechtigten herauszugeben oder ggf. das Familiengericht anzurufen. Die Inobhutnahme endet gemäß § 42 Abs. 4 mit der Übergabe an die Personensorgeberechtigten und/oder der Entscheidung über die Gewährung von Hilfen nach dem Sozialgesetzbuch.

10.2.3 Freiheitsentziehende Maßnahmen

Freiheitsentziehende Maßnahmen gegen den Willen des Kindes oder Jugendlichen sind gemäß § 42 Abs. 5 Satz 1 im Rahmen der Inobhutnahme nur zulässig, wenn und soweit diese erforderlich sind, um eine Gefahr für Leib oder Leben des Kindes oder des Jugendlichen oder eines Dritten abzuwenden. Die Freiheitsentziehung ist gemäß Satz 2 ohne Entscheidung des Familiengerichts spätestens nach Ablauf des Tages nach ihrem Beginn zu beenden. Wird z. B. ein Jugendlicher am ersten Tag nachts um ein Uhr in Obhut genommen, muss er ohne gerichtliche Entscheidung spätestens am zweiten Tag bis Mitternacht (24 Uhr) entlassen werden; bei Beginn der Maßnahme am ersten Tag um 23 Uhr gilt dasselbe. Gegebenenfalls erwirkt das JA eine vorläufige Entscheidung des Familiengerichtes zur Verlängerung der Inobhutnahme, bis das Gericht eine endgültige Entscheidung trifft; dann handelt es sich nicht mehr um eine freiheitsentziehende Maßnahme „ohne gerichtliche Entscheidung" im Sinne von § 42 Abs. 5 Satz 2. Entscheidungen über freiheitsentziehende Maßnahmen über § 42 Abs. 5 Satz 1 hinaus trifft das Familiengericht ggf. auch aufgrund von § 1631b BGB (siehe 8.3.3 und 9.6).

10.2.4 Aufgaben des Familiengerichtes

Das Familiengericht trifft Entscheidungen über Eingriffe in das elterliche Sorgerecht auf der Grundlage der §§ 1666 ff BGB (vgl. auch 9.6 und 10.3), wenn solche bei Kindeswohlgefährdung geboten sind. Das JA hat dazu das Familiengericht in den Fällen von § 42 Abs. 3 Satz 2 Nr. 2, Abs. 5 Satz 2 oder § 8a Abs. 3 Satz 1 anzurufen.

10.3 Mitwirkung in Verfahren vor den Familiengerichten (§ 50)

10.3.1 Unterstützung und Unterrichtung des Familiengerichtes

Gemäß § 50 Abs. 1 Satz 1 unterstützt das JA das Familiengericht insbesondere in Kindschaftssachen. Sinn und Zweck der Vorschrift ist, dass der Sachverstand der Mitarbeiter der sozialpädagogischen Fachbehörde JA im Allgemeinen sowie mit Blick auf dort ggf. bereits „bekannte" junge Menschen und deren Familien in das familiengerichtliche Verfahren eingebracht wird. Dementsprechend unterrichtet das JA gemäß § 50 Abs. 2 das Gericht insbesondere über angebotene und erbrachte Leistungen und bringt erzieherische und soziale Gesichtspunkte zur Entwicklung des Kindes oder des Jugendlichen ein und weist auf weitere Möglichkeiten der Hilfe hin.

10.3.2 Mitwirkung in Verfahren nach dem FGG/FamFG

Im Gesetz über die Angelegenheiten der Freiwilligen Gerichtsbarkeit (FGG) ist an mehreren Stellen (vgl. §§ 49a, 50 ff FGG) konkret vorgeschrieben, dass das Familiengericht das JA anzuhören hat. Die „Korrespondenznorm" im SGB VIII dazu ist § 50. Danach hat das JA in Verfahren vor dem Familiengericht mitzuwirken, also in familiengerichtlichen Verfahren insbesondere betreffend die Themenbereiche elterliche Sorge und Umgangsrecht. Die genannten Regelungen des FGG werden zum 01.09.2009 in ein neues Gesetz über das Verfahren in Familiensachen und in Angelegenheiten der freiwilligen Gerichtsbarkeit überführt (§§ 151 ff, § 162 FamFG).

10.3.3 Zusammenarbeit von JA und Familiengericht

JA und Familiengericht haben bei Verfahren nach § 50 SGB VIII eigenständige Aufgaben und Funktionen. Das JA als sozialpädagogische Fachbehörde hat eine Hilfe- und Beratungsfunktion, das Familiengericht primär eine Entscheidungsfunktion. Die Aufgabe des Familiengerichtes ist mit einer gerichtlichen Entscheidung (abgesehen von Fällen ihrer Überprüfung und ggf. Abänderung) prinzipiell beendet, während die Aufgaben der Jugendhilfe sehr häufig fortgeführt werden, oft auf der Grundlage langfristig angelegter Verständigungs- und Hilfeprozesse. Beide Institutionen, JA und Familiengericht, führen ihre Aufgaben eigenständig, eigenverantwortlich und gleichberechtigt durch. Insbesondere unterliegt das JA keinerlei gerichtlicher Weisungsbefugnis, und es steht im Verhältnis zu ihm in keinerlei „Unter-Über-Ordnungsverhältnis"; allerdings sind JA und Familiengericht in gemeinsamer Verantwortung auf arbeitsteilige Kooperation miteinander angewiesen (Münder 2007a, 141 ff; Wabnitz 2000, 336 ff; Wiesner 2003a, 121).

§ 50 gilt bis zum 31.08.2009 auch für die Mitwirkung in Verfahren vor dem Vormundschaftsgericht, dessen Aufgaben ab dann jedoch ebenfalls von dem Familiengericht wahrgenommen werden.

10.4 Mitwirkung nach dem Jugendgerichtsgesetz (§ 52)

Mitwirkung in Verfahren nach dem Jugendgerichtsgesetz (JGG) bedeutet Mitwirkung der Jugendgerichtshilfe als Aufgabe der Jugendhilfe in allen Verfahrensstadien des Jugendstrafverfahrens und ggf. danach mit dem Ziel der umfassenden Begleitung und Betreuung von strafverdächtigen bzw. straffällig gewordenen Jugendlichen und jungen Volljährigen, geregelt in § 52 SGB VIII sowie in den §§ 38, 45, 47, 50 JGG. § 52 SGB VIII stellt die Verbindung zwischen Jugendhilfe- und Jugendstrafrecht her. Wird ein Strafverfahren nach dem JGG durchgeführt, ist eine breit angelegte Mitwirkung der Jugendgerichtshilfe vorgesehen. Die Jugendgerichtshilfe wird von den Jugendämtern ausgeübt. Nach §§ 3 Abs. 3, 76 Abs. 1, 52 Abs. 3 können anerkannte Träger der freien Jugendhilfe daran beteiligt oder können ihnen Aufgaben übertragen werden.

Literatur

Fieseler, G., Hannemann, A. (2006): Gefährdete Kinder – Staatliches Wächteramt versus Elternautonomie?

Kunkel, P.-Chr. (2002): Das Zusammenspiel von Jugendamt und Familiengerichten nach § 42 SGB VIII

Münder, J., Mutke, B., Schone, R. (2000): Kindeswohl zwischen Jugendhilfe und Justiz

Oberloskamp, H., Balloff, R., Fabian, T. (2001): Gutachtliche Stellungnahme in der Sozialen Arbeit

Peter, E. (2006): Die Inobhutnahme unbegleiteter ausländischer Minderjähriger

Trenczek, T. (2003): Die Mitwirkung der Jugendhilfe im Strafverfahren. Konzeption und Praxis der Jugendgerichtshilfe

Wabnitz, R. J. (2000): Mitwirkung in familiengerichtlichen Verfahren. Rechtsgrundlagen, Aufgaben und Selbstverständnis

Wiesner, R. (2003): Zur gemeinsamen Verantwortung von Jugendamt und Familiengericht für die Sicherung des Kindeswohls

Fall 10: Jürgen muss ins Heim

Der 12-jährige Jürgen (J) ist Sohn von Anna (A). A hat keine abgeschlossene Berufsausbildung und hat bislang als Hilfsarbeiterin gearbeitet. Sie ist alleinerziehend und hat das Sorgerecht für J. Der leibliche Vater von J, mit dem A nicht verheiratet war, hat seit Jahren keinen Unterhalt für J mehr gezahlt; A und J haben auch keinen Kontakt mehr zu ihm. A zieht jetzt mit J in die Stadt X. A arbeitet dort zu wechselnden Zeiten als Kellnerin. J ist vormittags in der Schule. Wenn er mittags nach Hause kommt, macht er sich zumeist selbst etwas zu essen. Er sieht seine Mutter häufig nur kurz am Nachmittag, ohne dass A sich in nennenswerter Weise um J kümmert. J sieht deshalb nachmittags und abends fern – oder er streunt draußen herum. Mitunter sind „Bekannte" von A zu Hause, die J dazu animieren wollen, mit ihm Alkohol zu „probieren". Das Verhältnis zwischen Mutter und Sohn wird immer schlechter. A hat praktisch keinen erzieherischen Einfluss mehr auf J. J hat keine Freunde, wirkt blass und krank und mehr und mehr verstört. Seine früher passablen Schulleistungen werden in der neuen Schule immer schlechter.

Die neue Lehrerin von J informiert das JA über die Situation und weist darauf hin, dass J verhaltensauffällig sei. Zu Hause spitzt sich die Situation insoweit weiter zu, als dass As neuer Freund F, der von J nichts hält, diesen häufig beschimpft und schlägt. Das JA nimmt sich nunmehr der Sache an.

1. Ist das JA sachlich zuständig?

2. Welche Leistungen nach dem SGB VIII kommen ggf. in Betracht?

3. Welche verfahrensmäßigen Bestimmungen wären zu beachten?

4. Gesetzt den Fall, dass keine geeignete Pflegefamilie vorhanden und Heimerziehung geboten wäre: Was müsste geschehen, wenn A sich weigert, J in ein Heim zu geben?

5. Welche Maßnahmen wären ggf. darüber hinaus erforderlich, falls F angekündigt hätte, J – weil er „wieder einmal" zu seiner Mutter frech gewesen sei – „morgen Abend" (nach Rückkehr von einer „Geschäftsreise") mit dem Baseballschläger windelweich zu schlagen?

11 Andere Aufgaben der Kinder- und Jugendhilfe II

11.1 Schutz von Kindern und Jugendlichen in Familienpflege und in Einrichtungen (§§ 43 bis 49)

Aus Gründen der Qualitätssicherung und des präventiven Schutzes von Kindern und Jugendlichen bestehen Erlaubnispflichten nach den §§ 43 bis 49. Bei den drei Arten der jeweils durch Verwaltungsakte (VA) zu erteilenden Erlaubnisse nach den §§ 43, 44 bzw. 45 ff bestehen unterschiedliche Zuständigkeiten, Voraussetzungen und Rechtsfolgen. Bei Verstößen gegen die §§ 43, 44, 45 ff drohen Bußgelder sowie ggf. Geld- und Freiheitsstrafen nach den §§ 104, 105.

11.1.1 Erlaubnis zur Kindertagespflege (§ 43)

Die Erlaubnispflicht bei Kindertagespflege ist im Jahre 2005 in das SGB VIII eingefügt worden, und zwar in einem neuen § 43. Sie dient in erster Linie der Qualitätssicherung im Bereich der Kindertagespflege und zielt darauf ab, dass nur persönlich/sachlich kompetente und kooperative Kindertagespflegepersonen tätig werden sollen. Auch wenn diese keine hauptamtlich tätigen Fachkräfte mit einschlägiger Berufsausbildung sind, sollen sie über vertiefte, in qualifizierten Lehrgängen oder in anderer Weise erworbene einschlägige Fachkenntnisse verfügen (§ 43 Abs. 2). Einer Pflegeerlaubnis bedarf gem. § 43 Abs. 1 allerdings nur, wer Kinder außerhalb des Haushalts des Erziehungsberechtigten während eines Teils des Tages in einem zeitlichen Umfang von mehr als 15 Stunden wöchentlich gegen Entgelt und zudem länger als drei Monate betreuen will.

Die auf fünf Jahre befristete Erlaubnis befugt zur Betreuung von grundsätzlich bis zu fünf fremden (nicht: eigenen!) Kindern (§ 43 Abs. 3), wenn nicht durch Landesrecht aufgrund von § 43 Abs. 4 (künftig: Abs. 5) etwas anderes geregelt wird.

11.1.2 Erlaubnis zur Vollzeitpflege (§ 44)

§ 44 regelt die „klassische" Erlaubnis zur Vollzeitpflege, die – verbunden mit den Möglichkeiten ihrer Versagung (Abs. 2), ihrer Rücknahme oder ihres Widerrufes (Abs. 3 Satz 2) und mit Unterrichtungspflichten (nach Abs. 4 sowie nach § 37 Abs. 3 Satz 2) und mit Überprüfungskompetenzen des JA (nach Abs. 3 Satz 1 sowie § 37 Abs. 3 Satz 1) – präventiv bzw. reaktiv darauf abzielt, vor Gefahren für das Wohl des Kindes oder Jugendlichen zu schützen. Allein dieser Aspekt ist inhaltlicher Maßstab für entsprechende Entscheidungen des dafür zuständigen JA, und nicht etwa Bedarfskriterien. Nach zutreffender allgemeiner Auffassung korrespondiert deshalb mit den rein objektiv-rechtlich formulierten Regelungen des § 44 auch ein subjektiver Rechtsanspruch von Pflegepersonen auf Erlaubniserteilung, sofern keine Anhaltspunkte dafür bestehen, dass im Sinne von § 44 Abs. 2 das Wohl des Kindes oder des Jugendlichen in der Pflegestelle nicht gewährleistet ist (GK-SGB VIII/Fieseler 2008, § 44 Rdnr. 26; Münder 2007a, 133).

Allerdings bestehen von der grundsätzlichen Erlaubnispflichtigkeit bei Vollzeitpflege zahlreiche Ausnahmen gemäß § 44 Abs. 1 Satz 2 Nr. 1 bis 6, wenn u. a. das Gefährdungsrisiko nach Vermittlung der Pflegeperson durch das JA, bei nahen Verwandten, bei Vormündern/Pflegern, bei kurzer Dauer oder bei Adoptionspflege als gering anzusehen ist. Mit der Erlaubnispflicht zur Vollzeitpflege korrespondiert gemäß § 37 Abs. 2 Satz 1 ein ausdrücklicher gesetzlicher Rechtsanspruch der Pflegeperson auf Beratung und Unterstützung durch das JA.

11.1.3 Erlaubnis für den Betrieb einer Einrichtung (§§ 45 bis 49)

Potenziell noch erheblich höher als bei Vollzeitpflege ist das Risiko einer Gefahr für das Wohl des Kindes oder des Jugendlichen bei Unterbringung in einer Einrichtung einzuschätzen. Deshalb bestehen gemäß § 45 Abs. 1 Satz 2 nur wenige Ausnahmen vom Grundsatz der strikten Erlaubnispflicht für den Betrieb einer Einrichtung gemäß § 45 Abs. 1 Satz 1. Kriterien für die Erteilung der erforderlichen Erlaubnis sind neben Aspekten der Gewährleistung des Wohls des Kindes oder des Jugendlichen nach Abs. 2 Satz 2 Nr. 2 auch das Vorhandensein geeigneter Fachkräfte (Nr. 1) oder das Nichtvorliegen von Erschwernissen im Hinblick auf die gesellschaftliche und sprachliche Integration (Nr. 2a) oder im Hinblick auf die gesundheitliche Vorsorge und medizinische Betreuung (Nr. 2b). Liegen jedoch alle gesetzlichen Voraussetzungen für eine Erlaubniserteilung vor, ist diese dem Träger der Einrichtung insbesondere mit Blick auf dessen Grundrecht der Freiheit der Berufsausübung nach Art. 12 Abs. 1 GG zu erteilen; nach allgemeiner Auffassung hat er dabei zugleich einen subjektiven Rechtsanspruch auf Erlaubniserteilung (Wabnitz 2005, 225 ff; Münder 2007, 135). Einrichtungen im Sinne von § 45 sind u. a. Tageseinrichtungen für Kinder, Heime für Kinder und Jugendliche, Wohngemeinschaften, Kinderhäuser, Jugendwohnheime, wo sich Kinder oder Jugendliche ganztägig oder für einen Teil des Tages zwecks Erziehung, Bildung, Betreuung und Unterkunft aufhalten.

Zuständig für die Erlaubniserteilung nach § 45 ist nicht wie bei § 43 und § 44 das örtliche JA, sondern gemäß § 85 Abs. 2 Nr. 6 i. V. m. § 69 Abs. 1 und 3 das LJA des überörtlichen Trägers der öffentlichen Jugendhilfe. Der Grund dafür liegt auf der Hand: Wegen des größeren Gefahrenpotenzials in Einrichtungen und der sich daraus ergebenden Notwendigkeit der strikten Beachtung von Aspekten des Kindeswohls sollen die entsprechenden Entscheidungen nicht auf der Ebene des örtlichen Trägers fallen, der gemäß §§ 79, 80, 85 Abs. 1 auch für die Hilfegewährung (einschließlich der jeweiligen Kostenfolgen!) verantwortlich ist. In § 45 Abs. 2 bis 4, §§ 46 bis 48 sind zahlreiche weitere detaillierte Vorschriften u. a. über Beratung der Einrichtungen, Einzelheiten der Erteilung, der Rücknahme oder des Widerrufes der Erlaubnis, der Abstellung von Mängeln, der Beteiligung anderer Behörden, der örtlichen Prüfung, betreffend Meldepflichten des Trägers einer erlaubnispflichtigen Einrichtung bis hin zur Tätigkeitsuntersagung (§ 48) enthalten. Das Nähere regelt gemäß § 49 (ggf.) das Landesrecht.

11.2 Beratung und Unterstützung bei Vaterschaftsfeststellung und Geltendmachung von Unterhaltsansprüchen (§ 52a)

In § 18 sind, wie dargestellt (siehe 4.3), fünf subjektive Rechtsansprüche auf Beratung und Unterstützung bei der Personensorge, bei Unterhaltsfragen und beim Umgangsrecht enthalten. Des Weiteren wird das JA auf Antrag Beistand nach § 55 Abs. 1 in den beiden in § 1712 Abs. 1 Nr. 1 und 2 BGB vorgesehenen Fällen (Feststellung der Vaterschaft und Geltendmachung von Unterhaltsansprüchen). Gleichsam „dazwischen" ist nunmehr – objektiv-rechtlich formuliert – § 52a mit folgenden Aufgaben des JA „angesiedelt" (siehe Übersicht 45).

Beratung und Unterstützung bei Vaterschaftsfeststellung und Geltendmachung von Unterhaltsanprüchen (§ 52a)

Übersicht 45

1. Adressatenkreis: Mütter
2. Tatbestandsvoraussetzungen
2.1 Geburt eines Kindes,
2.2 dessen Eltern nicht miteinander verheiratet sind
3. Rechtsfolgen: Verpflichtung des JA zur Beratung der Mutter unverzüglich nach (oder gemäß Abs. 2 auch schon vor) der Geburt mit Hinweispflichten nach Abs. 1 Satz 2 auf
3.1 die Bedeutung der Vaterschaftsfeststellung (Nr. 1)
3.2 Möglichkeiten der Vaterschaftsfeststellung (Nr. 2)
3.3 Möglichkeiten der Beurkundung von Unterhaltsverpflichtungen (Nr. 3)
3.4 Möglichkeiten und Rechtsfolgen einer Beistandschaft (Nr. 4)
3.5 Möglichkeit der gemeinsamen elterlichen Sorge (Nr. 5)
4. Rechtscharakter
4.1 objektiv-rechtliche Mussbestimmung
4.2 subjektiver Rechtsanspruch

Nach allgemeiner Auffassung korrespondiert mit dieser in jeder Hinsicht präzisen Vorschrift des § 52a, die erkennbar Schutzwirkung gerade mit Blick auf Mütter nach der Geburt entfalten soll, auch ein subjektiver Rechtsanspruch auf Beratung und Unterstützung (Wabnitz 2005, 232 f.).

11.3 Vormundschaft, Pflegschaft und Beistandschaft (§§ 53 bis 58)

Die §§ 53 bis 58 normieren umfangreiche, zumeist „klassische" Aufgaben des JA (im Falle des § 54 des LJA) im Bereich von Vormundschaft, Pflegschaft und Beistandschaft. Das JA muss dabei

u. a. mit dem Vormundschaftsgericht (voraussichtlich ab Mitte 2009: mit dem Familiengericht) sowie mit den Vormündern und Pflegern zusammenarbeiten, die ihrerseits gemäß § 53 Abs. 2 einen expliziten Rechtsanspruch auf Beratung und Unterstützung durch das JA haben.

In den §§ 53 bis 58 setzt der Gesetzgeber des SGB VIII – wieder einmal! – weite Teile des Buches 4. des BGB (Familienrecht) voraus. Zunächst soll deshalb die Übersicht 46 begriffliche Klarheit und einen Überblick über die konkreten Aufgaben des JA verschaffen.

> **Übersicht 46**
>
> **1.** Terminologische Übersicht
> 1.1 Vormundschaft (§§ 1773 bis 1895 BGB) = umfassende Ersetzung der elterlichen Sorge
> 1.2 Pflegschaft (§§ 1909, 1915 bis 1919 BGB)= Ersetzung der elterlichen Sorge in Teilbereichen
> 1.3 Beistandschaft (§§ 1712 bis 1717 BGB)= Unterstützung eines allein sorgeberechtigten Elternteils (nur) bei Vaterschaftsfeststellung und/oder Unterhaltsansprüchen, jedoch ohne Eingriffe in das elterliche Sorgerecht
> **2.** Die wichtigsten Aufgaben (zumeist des JA) im Zusammenhang mit Vormundschaft, Pflegschaft und Beistandschaft
> 2.1 Übernahme von Beistandschaften (§ 55 Abs. 1, §§ 1712 bis 1717 BGB)
> 2.2 Vorschlag von Personen und Vereinen, die sich als Vormund oder Pfleger eignen (§ 53 Abs. 1)
> 2.3 Führung von Amtsvormundschaften (§ 55 Abs. 1, 2, §§ 1791 b, c BGB) und von Amtspflegschaften (§ 55 Abs. 1, 2, §§ 1909, 1915 BGB)
> 2.4 Beratung und Unterstützung von Pflegern und Vormündern (§ 53)
> 2.5 weitere Aufgaben nach §§ 50, 53 Abs. 1, 54, 55, 56, 57

In § 55 Abs. 1 wird lediglich wiederholt, was bereits ausführlich im BGB geregelt ist: „Das Jugendamt wird Beistand, Pfleger oder Vormund in den durch das Bürgerliche Gesetzbuch vorgesehenen Fällen (Beistandschaft, Amtspflegschaft, Amtsvormundschaft)." In jedem JA gibt es für die Erfüllung dieser vielfältigen Aufgaben eine größere Abteilung für Amtsvormundschaften/Amtspflegschaften/Beistandschaften, sofern diese Aufgaben nicht im Allgemeinen Sozialen Dienst oder dezentral in den Bezirkssozialdiensten wahrgenommen werden.

11.3.1 Vormundschaft

Kein Kind oder Jugendlicher darf ohne gesetzlichen Vertreter sein. Im „Normalfall" sind dies Mutter und/oder Vater als Inhaber des elterlichen Sorgerechts nach §§ 1626, 1629 BGB. Wer jedoch benötigt einen Vormund, und wer wird dies (siehe Übersicht 47)?

> **1.** Notwendigkeit einer Vormundschaft für einen Minderjährigen, wenn (gemäß § 1773 Abs. 1 und 2 BGB):
> 1.1 der Minderjährige nicht unter elterlicher Sorge steht, weil er keine Eltern hat,
> 1.2 oder wenn die Eltern nicht vertretungsberechtigt, z. B. weil sie selbst minderjährig sind,
> 1.3 oder wenn der Familienstand des Minderjährigen nicht zu ermitteln („Findelkind") ist.
> **2.** Vormund werden mit folgender Prioritätenfolge
> 2.1 natürliche Person(en) (§§ 1775 ff BGB)
> 2.2 Vereinsvormund (§ 1791a BGB)
> 2.3 Amtsvormund (Jugendamt) als bestellter (§ 1791b BGB) oder gesetzlicher Amtsvormund (§ 1791c BGB)
> **3.** Bestellung der Vormundschaft: in der Regel durch das Vormundschaftsgericht (künftig: Familiengericht).
>
> *Übersicht 47*

11.3.2 Pflegschaft

Durch eine Pflegschaft wird die elterliche Sorge (anders als bei der Vormundschaft) nicht umfassend, sondern lediglich in bestimmten Teilbereichen ersetzt („Ergänzungspflegschaft" nach § 1909 BGB). Dies ist z. B. dort der Fall, wo den Eltern das Sorgerecht nach § 1666 BGB in Teilbereichen entzogen worden ist. Hier erfolgt sodann die Bestellung eines (Ergänzungs-)Pflegers. Zumeist wird die Pflegschaft dem JA übertragen (Amtpflegschaft). Dieses nimmt sodann die ihm übertragenen Aufgaben im Interesse des Minderjährigen wahr, indem es diesen z. B. kraft Ausübung des Aufenthaltsbestimmungsrechts in einem Heim nach §§ 27, 34 unterbringt (siehe auch 9.6).

11.3.3 Beistandschaft

Von der Vormundschaft und der Pflegschaft sorgfältig zu unterscheiden ist schließlich die Beistandschaft des JA. Dabei handelt es sich von der Sache her um ein „freiwilliges Serviceangebot" mit Blick auf die beiden Themenkreise: Feststellung der Vaterschaft und/oder Geltendmachung von Unterhaltsansprüchen etc. (§ 1712 Abs. 1 Nr. 1 und 2 BGB).

Vertiefung

> **Eine Beistandschaft des JA (§§ 1712 bis 1717 BGB)** *Übersicht 48*
> 1. ist möglich in den beiden folgenden Bereichen
> 1.1 Feststellung der Vaterschaft
> 1.2 und/oder Geltendmachung von Unterhaltsansprüchen;
> 2. sie erfolgt aufgrund (freiwilligen!) schriftlichen Antrages des insoweit allein sorgeberechtigten Elternteils oder der werdenden Mutter.
> 3. Sie hat sodann folgende rechtliche Wirkungen
> 3.1 Eintritt der Beistandschaft ab Antragseingang,
> 3.2 das JA wird „automatisch" Pfleger und gesetzlicher Vertreter des Kindes, jedoch ohne Einschränkungen des elterlichen Sorgerechts!
> 4. Die „freiwillige Serviceleistung" Beistandschaft endet,
> 4.1 wenn der Antragsteller dies schriftlich verlangt
> 4.2 oder wenn die Voraussetzungen für die Beistandschaft nicht mehr vorliegen.

11.4 Beurkundung und Beglaubigung, vollstreckbare Urkunden (§§ 59, 60)

Gemäß § 59 Abs. 1 Satz 1 ist die „Urkundsperson" beim JA befugt, zahlreiche wichtige Erklärungen nach dem 4. Buch BGB Familienrecht zu beurkunden. Für die Praxis der Sozialen Arbeit ist es wichtig zu wissen, dass diese Beurkundungen – anders als beim Notar – kostenlos (!) durch das JA vorgenommen werden. Unter anderem handelt es sich um zentrale „Status begründende" familienrechtliche Erklärungen wie Vaterschaftsanerkennung (Nr. 1), Sorgeerklärungen (Nr. 8) u. a. Gegebenenfalls findet gemäß § 60 aus solchen Urkunden auch die Zwangsvollstreckung statt.

11.5 Annahme als Kind (§ 51), Adoptionsvermittlung

Das JA ist bei Adoptionen in vielfacher Weise beteiligt, u. a. nach § 51. Darüber hinaus prüft das JA bei Hilfe zur Erziehung, ob eine Annahme als Kind in Betracht kommt (§ 36 Abs. 1 Satz 2). Es hat Beratungs- und Belehrungspflichten nach § 51 SGB VIII, und es wird gemäß § 1751 Abs. 1 Satz 2 BGB mit der Einwilligung der „abgebenden Eltern" in die Adoption Amtsvormund. Darüber hinaus haben JA und LJA bereits „im Vorfeld" umfangreiche Aufgaben im Bereich der Adoptionsvermittlung nach dem AdVermiG.

Vertiefung

Wichtige Bestimmungen des AdVermiG

Übersicht 49

1. Adoptionsvermittlung ist Aufgabe des JA und des LJA sowie deren Adoptionsvermittlungsstellen.
2. Adoptionsvermittlungsstellen gibt es gemäß § 2 Abs. 2 auch bei Wohlfahrtsverbänden und anderen anerkannten Fachorganisationen.
3. Mit der Adoptionsvermittlung dürfen nur Fachkräfte mit bestimmten Qualifikationen betraut werden (§ 3).
4. Anderen als den genannten Stellen ist die Adoptionsvermittlung verboten (vgl. § 5).
5. Verboten sind auch Adoptionsanzeigen (§ 6), Verstöße gegen Datenschutzbestimmungen (vgl. § 9d), die Ersatzmuttervermittlung (vgl. §§ 13c, b) u. a.
6. Darüber hinaus enthält das AdVermiG u. a. Vorschriften über die Anerkennung als Adoptionsvermittlungsstelle (§ 4), die Vorbereitung der Vermittlung (§ 7), die Adoptionspflege (§ 8), die Adoptionsbegleitung (§ 9), die Führung von Vermittlungsakten (§ 9b), den Datenschutz (§ 9d) sowie über die Unterrichtung, die Aufgaben sowie die Ausstattung der zentralen Adoptionsstelle (§§ 10, 11, 13).

📖 Literatur

Brüggemann, D., Knittel, B. (2000): Beurkundungen im Kindschaftsrecht
Hansbauer, P., Mutke, B., Oelerich, G. (2004): Vormundschaft in Deutschland – Trends und Perspektiven
Oberloskamp, H. (1998): Vormundschaft, Pflegschaft und Beistandschaft für Minderjährige
Schindler, G. (2004): Pflegeerlaubnis: Ein Thema für das Jugendamt!
Wiesner, R. (2000): Das Vormundschaftswesen und die Jugendhilfe

Fall 11: Vormundschaft für Klara

Die 17-jährige Monika (M) bringt Klara (K) zur Welt, ohne dass sie mit ihrem Freund Victor (V), der das Kind gezeugt hat, verheiratet ist.

1. Welche Aufgaben hat das JA?

K ist nunmehr acht Jahre alt. Ihre inzwischen verheirateten Eltern M und V verunglücken bei einem tragischen Verkehrsunfall tödlich.

2. Was muss im Hinblick auf das elterliche Sorgerecht für K geschehen?

3. Welche Aufgaben hat nunmehr das JA?

4. Nach Lage der Dinge muss K, da keine geeignete Pflegefamilie vorhanden ist, in einem Heim untergebracht werden. Die Mitarbeiter des JA denken dabei an das Kinderheim in X in Trägerschaft des freien Trägers Y. Sie wollen sich jedoch zuvor vergewissern, ob die dortigen Räumlichkeiten und Erzieher (noch) unter Kindeswohlaspekten geeignet erscheinen und ob die Voraussetzungen für die bereits vor einigen Jahren erteilte Erlaubnis weiter bestehen. Ist dies rechtlich zulässig?

12 Träger der öffentlichen Jugendhilfe und Jugendbehörden

In den §§ 69 ff werden die §§ 3 und 4 mit Blick auf die öffentliche Jugendhilfe weiter konkretisiert. Die Träger der öffentlichen Jugendhilfe und ihre Jugendbehörden sind bereits in Kapitel 1.3.2 benannt worden. Es ist also zu unterscheiden zwischen den Trägern der öffentlichen Jugendhilfe als den Rechtsträgern der Jugendbehörden JA oder LJA (siehe 12.1), dem JA (12.3) und dem LJA (12.4) als Jugendbehörden sowie weiteren Jugendbehörden nach § 69, etwa der kreisangehörigen Gemeinden oder nach den §§ 82, 83 (siehe 12.5).

§ 69 regelt, wer örtlicher und überörtlicher Träger ist bzw. wer ein JA oder LJA zu errichten hat. Die §§ 70 und 71 bestimmen, wie diese Behörden „intern" zu strukturieren sind.

Wer hingegen für die Wahrnehmung welcher Aufgaben nach dem SGB VIII zuständig ist, ist in § 85 über die sachliche Zuständigkeit sowie in §§ 86 ff über die örtliche Zuständigkeit geregelt (siehe dazu 14.1). Wegen des unmittelbaren Sachzusammenhanges zwischen den Regelungen über die Träger der öffentlichen Jugendhilfe (§ 69) und die daran anknüpfende sachliche Zuständigkeit (§ 85) wird auf die sachliche Zuständigkeit bereits unter 12.2 eingegangen.

Vertiefung

Im Folgenden wird das geltende Bundesrecht nach dem SGB VIII dargestellt. Seit 2006 besteht allerdings aufgrund der Föderalismusreform und der damit verbundenen wesentlichen Änderungen des Grundgesetzes mit Blick auf die Einrichtung der Behörden eine neue Rechtssituation. Die Länder können nunmehr aufgrund von Art. 84 GG von den §§ 69 bis 71 abweichendes Landesrecht schaffen, soweit es um die Einrichtung von Behörden und das Verwaltungsverfahren geht. Sie könnten also z. B. die JÄer und die LJÄer bzw. deren Zweigliedrigkeit „abschaffen". Ob es dazu kommt, wird abzuwarten sein. Die gekennzeichnete Abweichungsbefugnis der Länder erstreckt sich m. E. allerdings nicht auf die Regelungen über die sachliche Zuständigkeit nach § 85.

12.1 Örtliche und überörtliche Träger (§ 69)

Träger der öffentlichen Jugendhilfe (als Rechtsträger der JÄer und LJÄer) sind gemäß § 69 Abs. 1 die örtlichen und die überörtlichen Träger (siehe Übersicht 50), die ab 2009 allein durch Landesrecht bestimmt werden sollen:

Träger der öffentlichen (Kinder- und) Jugendhilfe (§ 69)

Übersicht 50

1. Örtliche Träger sind
1.1 herkömmlich (und bis 2008 durch Bundesrecht bestimmt): alle (Land-)Kreise und kreisfreien Städte sowie
1.2 ggf. auch kreisangehörige Gemeinden.
Alle örtlichen Träger sind nach Abs. 3 dazu verpflichtet, für die Wahrnehmung aller Aufgaben nach dem SGB VIII ein JA zu errichten.
2. Überörtliche Träger sind:
2.1 in Baden-Württemberg und Nordrhein-Westfalen so genannte „höhere Kommunalverbände",
2.2 in allen übrigen Ländern das jeweilige Land selbst.
Alle überörtlichen Träger sind nach Abs. 3 dazu verpflichtet, ein LJA zu errichten.

12.2 Sachliche Zuständigkeit (§ 85)

Die sachliche Zuständigkeit – die Frage also, welche Behörde von der Sache her die „richtige" ist – ist in § 85 geregelt. Die Prüfung der sachlichen Zuständigkeit erfolgt dabei in zwei Schritten.

Zunächst ist gemäß § 85 Abs. 1 zu prüfen, ob es sich mit Blick auf die im Einzelfall relevante Thematik um die „Gewährung von Leistungen und die Erfüllung anderer Aufgaben nach diesem Buch" (also: dem SGB VIII!) handelt. Dabei empfiehlt sich häufig ein Blick zunächst auf die Aufgabenkataloge in § 2 Abs. 2 und 3 und sodann ggf. auf die einzelnen §§ 11 bis 41 bzw. 42 bis 60. Handelt es sich um keine Leistung oder andere Aufgabe nach dem SGB VIII, besteht auch keine sachliche Zuständigkeit der Kinder- und Jugendhilfe, und die Angelegenheit ist in der Regel an eine andere Behörde abzugeben (z. B. das Sozialamt, die Agentur für Arbeit).

Handelt es sich um eine Aufgabe nach dem SGB VIII, ist in einem zweiten Schritt zu prüfen, ob dafür der örtliche oder der überörtliche Träger der Jugendhilfe sachlich zuständig ist. Der örtliche Träger ist gemäß § 85 Abs. 1 (grundsätzlich) sachlich zuständig, soweit nicht („ausnahmsweise") der überörtliche Träger sachlich zuständig ist. Letzteres ist (lediglich) dann der Fall, wenn es sich um eine (zumeist: überörtliche!) Aufgabe nach § 85 Abs. 2 Nr. 1 bis 10 handelt. Damit folgt (siehe Tabelle 2) die sachliche Zuständigkeit

- des örtlichen Trägers aus § 85 Abs. 1,
- des JA aus § 85 Abs. 1 i. V. m. § 69 Abs. 1 und 3,
- des überörtlichen Trägers aus § 85 Abs. 2 Nr. 1 bis 10,
- des LJA aus § 85 Abs. 2 Nr. 1 bis 10 i. V. m. § 69 Abs. 1 und 3.

Gemäß § 85 Abs. 3 können für den örtlichen Bereich die Aufgaben nach Abs. 2 Nr. 3, 4, 7 und 8 auch vom örtlichen Träger wahrgenommen werden.

12.3 Jugendamt/Jugendhilfeausschuss (§§ 70, 71)

Das JA ist die „zentrale Institution" für die örtliche Kinder- und Jugendhilfe. Gemäß § 69 Abs. 3 „errichtet" jeder örtliche Träger für die Wahrnehmung „der Aufgaben" nach dem SGB VIII ein JA. Daraus ist abzuleiten, dass (wie bereits seit dem RJWG aus dem Jahre 1922/1924 und dem JWG) alle örtlichen Aufgaben der Kinder- und Jugendhilfe in einer einheitlichen Behörde JA wahrgenommen werden müssen. Hinter diesem für das deutsche Kinder- und Jugendhilferecht zentralen und nachhaltig bewährten Organisationsprinzip der „Einheit der Jugendhilfe" steht die zutreffende Überlegung, dass es für die jungen Menschen und deren Familien am besten ist, wenn alle Aufgaben der Kinder- und Jugendhilfe gleichsam „in einer Hand liegen" und nicht „verstreut"

Tab. 2: Sachliche Zuständigkeit des örtlichen Trägers/JA bzw. des überörtlichen Trägers/LJA

Sachliche Zuständigkeit des örtlichen Trägers/JA	Sachliche Zuständigkeit des überörtlichen Trägers/LJA
gemäß § 85 Abs. 1 i. V. m. § 69 Abs. 1 und 3 **1.** § 85 Abs. 1 bei: 1.1 Gewährung von Leistungen (§§ 11 bis 41) oder Erfüllung anderer Aufgaben (§§ 42 bis 60) nach dem SGB VIII 1.2 außer in den Fällen des § 85 Abs. 2	gemäß § 85 Abs. 2 i. V. m. § 69 Abs. 1 und 3 **1.** § 85 Abs. 2 mit ggf. Nr.: 1 Beratung der Jugendämter und Empfehlungen 2 Förderung der Zusammenarbeit zwischen Jugendämtern und freier Jugendhilfe 3 Anregung und Förderung von überörtlichen Einrichtungen, Diensten und Veranstaltungen 4 Modellvorhaben 5 Beratung der JÄer bei der Gewährung von Hilfe nach den §§ 32 bis 35a 6 Aufsicht über Einrichtungen 7 Beratung der Träger von Einrichtungen 8 Fortbildung 9 Hilfe im Ausland 10 Erlaubnis für Vereinsvormundschaften/-pflegschaften
2. i. V. m. § 69 Abs. 1: Bestimmung des örtlichen Trägers durch Landesrecht	**2.** i. V. m. § 69 Abs. 1: Bestimmung des überörtlichen Trägers durch Landesrecht (zumeist das Land selbst!)
3. sowie i. V. m. § 69 Abs. 3: JA	**3.** sowie i. V. m. § 69 Abs. 3: LJA

über mehrere Ämter und Behörden verteilt werden dürfen (z. B. Jugendarbeit im Sportamt oder Kulturamt, Förderung der Kindertageseinrichtungen im Schulamt, Jugendsozialarbeit im Sozialamt, Jugendschutz im Gesundheitsamt, Jugendhilfeplanung im Stadtplanungsamt).

Allerdings ist es als zulässig anzusehen, dass z. B. die Aufgaben der Jugendhilfe mit denen der Sozialhilfe in einem größeren „gemeinsamen" Amt für Soziale Arbeit etc. unter einer einheitlichen Jugendamtsleitung wahrgenommen werden (z. B. Wiesner 2006, § 69 Rdnr. 33 ff; Münder et al. 2006, § 69 Rdnr. 18 ff; GK-SGB VIII/Fieseler 2008, § 69 Rdnr. 6; Vondung in Kunkel 2006c, § 69 Rdnr. 9).

12.3.1 Die „Zweigliedrigkeit" des JA

§ 70 Abs. 1 lautet sodann wie folgt: „Die Aufgaben des Jugendamts werden durch den Jugendhilfeausschuss und die Verwaltung des Jugendamts wahrgenommen." Das JA besteht also aus zwei Teilen: dem Jugendhilfeausschuss (JHA; siehe 12.3.2) und der Verwaltung des JA (siehe 12.3.3). Diese „Zweigliedrigkeit" der Behörde JA beinhaltet eine funktionale Aufgabenverteilung zwischen JHA und Verwaltung des JA und ist einzigartig in der deutschen Verwaltung.

Im „Herzen" der Behörde JA, im JHA, sind nicht nur Mitglieder und Beauftragte der kommunalen Vertretungskörperschaft (je nach Landesrecht: Stadtrat, Kreistag oder Stadtverordnetenversammlung), sondern auch solche von Trägern der freien Jugendhilfe mit Sitz und Stimme vertreten (vgl. § 71 Abs. 1 sowie unten).

Der JHA ist zugleich (Kinder- und Jugendhilfe-)Ausschuss der kommunalen Vertretungskörperschaft mit Beschlussrechten nach § 71 Abs. 3 wie ein sonstiger Ausschuss nach dem Kommunalverfassungsrecht der Länder. Die interne Aufgabenverteilung (siehe Tabelle 3) zwischen JHA und der Verwaltung des JA ist so geregelt, dass sich der JHA mit den „großen" Fragen der örtlichen Kinder- und Jugendhilfe befasst, und zwar gemäß § 71 Abs. 2 insbesondere mit Grundsatzangelegenheiten (Nr. 1), der Jugendhilfeplanung nach § 80 (Nr. 2) und der Förderung der freien Jugendhilfe (Nr. 3), während die Geschäfte der „laufenden Verwaltung" gemäß § 70 Abs. 2 vom Leiter der Verwaltung der Gebietskörperschaft (also dem Oberbürgermeister oder dem Landrat) oder in der Praxis zumeist vom Leiter der Verwaltung des JA geführt werden.

Tab. 3: Innere Aufgabenverteilung zwischen JHA und der Verwaltung des JA

Das Jugendamt (§§ 70, 71)

JHA	Verwaltung des JA
1. Zuständigkeiten (§71 Abs. 2, 3) 1.1 Grundsatzfragen 1.2 Mittelverteilung 1.3 Jugendhilfeplanung 1.4 Förderung der freien Jugendhilfe 1.5 Anhörungs- und Beteiligungsrechte	**1.** Zuständigkeiten (§ 70 Abs. 2) 1.1 Ausführung der Beschlüsse des JHA 1.2 Geschäfte der laufenden Verwaltung
2. Mitglieder 2.1 Drei Fünftel stimmberechtigte „öffentliche" Mitglieder (§71 Abs. 1 Nr. 1) 2.2 Zwei Fünftel stimmberechtigte „freie" Mitglieder (Nr. 2) 2.3 beratende Mitglieder ohne Stimmrecht nach Abs. 5 sowie nach Landesrecht (z. B. aus den Bereichen Schule, Kirchen, Arbeitsverwaltung, Ausbildungsstätten, Justiz und Gesundheitsämter)	**2.** Personal 2.1 Leiter der Verwaltung der Gebietskörperschaft (Landrat/Oberbürgermeister) und/oder Leiter der Verwaltung des JA (§ 70 Abs. 2, § 71 Abs. 5) 2.2 Mitarbeiter des JA (insbesondere sozialpädagogische Fachkräfte und Verwaltungsfachkräfte)

12.3.2 Der JHA

Das Bundesrecht beinhaltet zahlreiche Vorgaben für die Aufgaben und für die Zusammensetzung des JHA (siehe Tabelle 3), die durch Landesrecht gemäß § 71 Abs. 5 (Landesausführungsgesetze und kommunales Satzungsrecht) weiter konkretisiert werden. Ergänzend gilt für den JHA das Kommunalverfassungsrecht des jeweiligen Bundeslandes (z. B. Gemeindeordnung, Landkreisordnung).

Bemerkenswert ist u. a., dass im JHA mit 40% der stimmberechtigten Mitglieder (§ 71 Abs. 1 Nr. 2) die Träger der freien Jugendhilfe vertreten sind, die damit maßgeblich auch über die Verteilung der Haushaltsmittel für die Kinder- und Jugendhilfe (vgl. § 71 Abs. 3 Satz 1) und auch über die Förderung der Träger der freien Jugendhilfe (Abs. 2 Nr. 3) mitentscheiden. Dies entspricht der partnerschaftlichen Zusammenarbeit der Träger der öffentlichen und freien Jugendhilfe nach § 4 Abs. 1 Satz 1 (siehe 1.3.3).

12.3.3 Die Verwaltung des JA

Auch wenn die Verwaltung des JA bei der Erledigung der „Geschäfte der laufenden Verwaltung" gemäß § 70 Abs. 2 im Rahmen der Satzung und Beschlüsse der Vertretungskörperschaft und des JHA tätig wird, sind die „laufenden Geschäfte" dennoch dasjenige, was Kinder- und Jugendhilfe im Verhältnis zu jungen Menschen, Personensorgeberechtigten und Trägern der freien Jugendhilfe im Wesentlichen ausmacht: Die Wahrnehmung von über 99% der zahlreichen, vielgestaltigen Aufgaben nach dem SGB VIII durch die Mitarbeiter der Verwaltung des JA. Dies sind im Wesentlichen sozialpädagogische Fachkräfte und Verwaltungsfachkräfte.

12.3.4 Neuere organisatorische Entwicklungen in den JÄern

Seit den 1990er Jahren sind die JÄer in Deutschland durchgreifend modernisiert worden: aus organisatorischen, aus fachlichen und (vor dem Hintergrund angespannter öffentlicher Haushalte: vor allem) aus finanziellen Erwägungen. Stichworte für diese tief greifenden Veränderungen in den JÄer, die hier nicht umfassend dargestellt werden können, sind u. a.: Bürger- und Klientenorientierung, Dienstleistungsorientierung, Verwaltungsmodernisierung, so genannte „Neue Steuerung der Verwaltung" (Outputorientierung, Produktorientierung, Kosten-Leistungsrechnung, dezentrale Ressourcenverantwortung, Controlling, Kontraktmanagement), Sozialraumorientierung (Fieseler/Herborth 2004, 169ff; Münder 2007a, 160f.; Münder et al. 2006, vor § 69 Rdnr. 16; Wiesner 2006, vor § 69 Rdnr. 40ff).

12.4 Landesjugendamt/Landesjugendhilfeausschuss (§§ 70, 71)

12.4.1 Die „Zweigliedrigkeit" des LJA

Das LJA (auf überörtlicher Ebene) ist – wie das JA – „zweigliedrig" organisiert und besteht kraft Bundesrechts aus dem LJHA und der Verwaltung des LJA. Die (interne) Aufgabenverteilung ist „spiegelbildlich" zur Rechtssituation beim JA auf örtlicher Ebene in § 70 Abs. 3 wie folgt geregelt: „Die Aufgaben des Landesjugendamts werden durch den Landesjugendhilfeausschuss und durch die Verwaltung des Landesjugendamts… wahrgenommen. Die Geschäfte der laufenden Verwaltung werden von dem Leiter der Verwaltung des Landesjugendamts im Rahmen… geführt." Auf die Ausführungen zum JA kann deshalb in weiten Teilen Bezug genommen werden.

12.4.2 Der LJHA

Auch wenn der LJHA auf im Wesentlichen denselben Grundideen wie der JHA basiert, ist das Bundesrecht bei dessen näherer rechtlicher Ausgestaltung vergleichsweise zurückhaltend. Es regelt in § 71 Abs. 4 Satz 1 lediglich, dass dem LJHA mit zwei Fünfteln des Anteils der Stimmen Frauen und Männer angehören, die auf Vorschlag der im Bereich des LJA wirkenden und anerkannten Träger der freien Jugendhilfe von der obersten Landesjugendbehörde zu berufen sind. Und gemäß § 71 Abs. 4 Satz 3 gilt § 71 Abs. 2 (über die Aufgaben des JHA) „entsprechend". Alles Weitere regelt gemäß § 71 Abs. 4 Satz 2 und Abs. 5 Satz 1 das Landesrecht (in den Landesausführungsgesetzen zum SGB VIII).

12.4.3 Die Verwaltung des LJA

Hier gilt ebenfalls weitgehend das zur Verwaltung des JA Ausgeführte – unter Berücksichtigung der Besonderheiten, die sich u. a. aufgrund des jeweiligen Landesrechts, aufgrund der besonderen, zumeist überörtlichen Aufgaben nach § 85 Abs. 2 Nr. 1 bis 10 sowie aufgrund der Tatsache ergeben, dass die LJÄer zumeist (mit Ausnahmen in Baden-Württemberg und Nordrhein-Westfalen) staatliche Behörden und nicht Behörden im Bereich der kommunalen Selbstverwaltung sind.

12.5 Andere Jugendbehörden (§§ 69, 82 bis 84)

Es wird verwiesen auf 1.3.2 (Übersicht 7, 2.).

12.5.1 Behörden von kreisangehörigen Gemeinden

Vertiefung

Nach Landesrecht können auch kreisangehörige Gemeinden und Gemeindeverbände, die nicht (selbst) örtliche Träger sind, zur Durchführung von Aufgaben z. B. der Förderung von Kindern in Tageseinrichtungen und in Kindertagespflege herangezogen werden. Ist dies der Fall, handelt die jeweils zuständige Gemeindebehörde im Bereich der genannten Aufgaben quasi im Auftrag des örtlichen Trägers der Jugendhilfe.

Außerdem können kreisangehörige Gemeinden und Gemeindeverbände, die nicht (selbst) örtliche Träger sind, für ihren örtlichen Bereich Aufgaben der Jugendhilfe wahrnehmen. Die jeweiligen Gemeindebehörden nehmen in diesem Fall aufgrund eigener Initiative und ohne dazu verpflichtet zu sein, ähnlich wie Träger der freien Jugendhilfe, Aufgaben z. B. im Bereich der Jugendarbeit oder der Förderung von Tageseinrichtungen für Kinder wahr.

12.5.2 Oberste Landesjugendbehörden (§ 82 Abs. 1) und oberste Bundesbehörde (§ 83 Abs. 1)

Vertiefung

Die oberste(n) Landesjugendbehörde(n) nach § 82 Abs. 1 ist (sind) die oberste(n) für Fragen der Kinder- und Jugendhilfe und Kinder- und Jugendpolitik zuständige(n) Behörde(n) im jeweiligen Bundesland. Die obersten Landesjugendbehörden haben als Teil der jeweiligen Landesregierung Aufgaben im Bereich der Vorbereitung von Landesrecht und haben die Tätigkeit der Träger der öffentlichen und der freien Jugendhilfe und die Weiterentwicklung der Jugendhilfe anzuregen und zu fördern. Die obersten Landesjugendbehörden selbst sind nicht Träger der öffentlichen Jugendhilfe nach § 69.

Oberste Bundesbehörde ist die für Fragen der Kinder- und Jugendhilfe und der Kinder- und Jugendpolitik fachlich zuständige oberste Behörde im Bereich der Bundesregierung. Auch die oberste Bundesbehörde ist nicht Träger der öffentlichen Kinder- und Jugendhilfe nach § 69. Gemäß § 83 Abs. 1 soll sie die Tätigkeit der Jugendhilfe anregen und fördern, soweit sie von überregionaler Bedeutung ist und ihrer Art nach nicht durch ein Land allein wirksam gefördert werden kann. Dementsprechend nimmt die oberste Bundesbehörde Aufgaben der Gesetzgebungsvorbereitung, der Anregung und Förderung der Kinder- und Jugendhilfe sowie gesamtstaatliche und internationale Aufgaben wahr. Alle vier Jahre ist ein (nationaler) Kinder- und Jugendbericht nach § 84 vorzubereiten.

12.6 Mitarbeiter (§§ 72, 72a)

Für die Träger der öffentlichen Jugendhilfe und damit im Wesentlichen für die JÄer und LJÄer gelten §§ 72 und 72a. Gemäß § 72 Abs. 1 sollen dort grundsätzlich nur Fachkräfte hauptberuflich beschäftigt werden. Insbesondere leitende Funktionen des JA und LJA sollen in der Regel gemäß § 72 Abs. 2 nur Fachkräften übertragen werden. Schließlich haben die Träger der öffentlichen Jugendhilfe gemäß § 72 Abs. 3 Fortbildung und Praxisberatung der Mitarbeiter des JA und des LJA sicherzustellen – eine klare gesetzliche Verpflichtung, der nicht in allen Fällen in ausreichendem Umfang nachgekommen wird.

Darüber hinaus dürfen die Träger der öffentlichen Jugendhilfe gemäß § 72a Satz 1 keine Personen beschäftigen oder vermitteln, die rechtskräftig insbesondere wegen Sittlichkeitsdelikten verurteilt worden sind. Damit sollen sexuelle Übergriffe auf Kinder und Jugendliche verhindert werden. Auch soll durch Vereinbarungen mit Trägern von Einrichtungen und Diensten gemäß § 72a Satz 3 sichergestellt werden, dass auch dort keine solchen Personen beschäftigt werden.

Literatur

Gernert, W. (1999): Landesjugendämter als regionale Kompetenzzentren der Jugendhilfe

Liebig, R. (2001): Strukturveränderungen des Jugendamtes – Kriterien für eine gute Ordnung der öffentlichen Jugendhilfe

Merchel, J., Reismann, H. (2003): Der Jugendhilfeausschuss: besser als sein Ruf?

Pluto, L. (2004): Bewertungen und Einschätzungen zum Kinder- und Jugendhilfeausschuss

Wabnitz, R.J. (2007b): Hessisches Kinder- und Jugendhilfegesetzbuch (HKJGB). Kommentar

– (2007): Erläuterungen zu §§ 83, 84 in GK-SGB VIII

Fall 12: Vielerlei Jugendbehörden

Die Studentin der Sozialarbeit S soll eine Semesterhausarbeit zum Thema „Jugendbehörden" erarbeiten. Dabei sind zunächst die folgenden Fragen zu untersuchen:

1. Welche Jugendbehörden gibt es in Deutschland – in etwa welcher Zahl?

2. Welche Aufgaben haben diese?

3. Können Jugendbehörden rechtlich selbstständig handeln bzw. ggf. vor Gericht verklagt werden?

4. Unterliegen Jugendbehörden einer Aufsicht und ggf. welcher?

5. Wer muss bzw. wer darf JÄer und LJÄer errichten?

6. Was bedeutet „Zweigliedrigkeit" von Jugendbehörden?

7. Wie wäre es zu beurteilen, wenn der Leiter des JA in X mit den zuständigen Mitarbeitern der Verwaltung des JA über die Jugendhilfeplanung und die Förderung der Träger der freien Jugendhilfe in X für die nächsten beiden Jahre entscheiden würde?

13 Zusammenarbeit zwischen der öffentlichen und der freien Jugendhilfe

Die für die Umsetzung des Kinder- und Jugendhilferechts fundamental bedeutsame Zusammenarbeit zwischen Trägern der öffentlichen und freien Jugendhilfe wird in allgemeiner Form in § 4 geregelt (siehe 1.3) und – neben den Regelungen über den JHA und den LJHA (§ 71) – insbesondere in den §§ 74 ff weiter konkretisiert.

13.1 Anerkennung von Trägern der freien Jugendhilfe (§ 75)

§ 75 regelt die Anerkennung von Trägern der freien Jugendhilfe als Bedingung für eine besonders intensive Zusammenarbeit mit den Trägern der öffentlichen Jugendhilfe. Die Anerkennung ist zwar nicht Voraussetzung für eine Förderung, hat jedoch folgende „Privilegierungen" zur Folge:

- bedingter Vorrang nach § 4 Abs. 2 „Subsidiaritätsprinzip",
- Vorschlagsrecht für die Mitgliedschaft in JHA und LJHA (§ 71 Abs. 1 Nr. 2 und Abs. 4 Satz 1),
- vorzugsweise öffentliche Förderung (§ 74 Abs. 1 Satz 2 und Abs. 6),
- ggf. Beteiligung an und Durchführung „anderer Aufgaben" der Jugendhilfe (§ 2 Abs. 3, § 76 Abs. 1),
- Beteiligung in Arbeitsgemeinschaften (§ 78 Satz 1),
- Beteiligung an der Jugendhilfeplanung (§ 80 Abs. 3).

Da die Anerkennung weder eine „Leistung" noch eine „andere Aufgabe" nach § 85 Abs. 1 darstellt, ist die Frage der sachlichen Zuständigkeit dafür auch nicht im SGB VIII, sondern im jeweiligen Landesausführungsgesetz dazu geregelt. Für die Anerkennung nach § 75 ist zumeist zuständig:

- das JA, wenn der Träger der freien Jugendhilfe allein im Gebiet des örtlichen Trägers der öffentlichen Jugendhilfe tätig ist,
- das LJA, wenn er im Gebiet mehrerer örtlicher Träger oder auf Landesebene tätig ist, sowie
- die oberste Landesjugendbehörde in allen übrigen Fällen, insbesondere bei „Länder übergreifend" tätigen Trägern der freien Jugendhilfe.

Die Voraussetzungen für eine Anerkennung nach § 75 entsprechen weitgehend denen der Subventionsfinanzierung nach § 74 (siehe dazu 13.3) (siehe Übersicht 51).

> **Übersicht 51**
>
> **1.** Voraussetzungen für eine Anerkennung nach § 75 Abs. 1
> 1.1 Tätigkeit auf dem Gebiet der Jugendhilfe
> 1.2 Verfolgen gemeinnütziger Ziele
> 1.3 günstige Prognose für Aufgabenerfüllung
> 1.4 Gewähr bieten für eine den Zielen des Grundgesetzes förderliche Arbeit
> **2.** Rechtsfolge
> 2.1 Ermessensentscheidung
> 2.2 Rechtsanspruch auf Anerkennung dann, wenn zusätzlich zu den übrigen sachlichen Voraussetzungen die Tätigkeit seit mindestens drei Jahren (§ 75 Abs. 2) ausgeübt wird

Gemäß § 75 Abs. 3 sind die Kirchen und Religionsgemeinschaften des öffentlichen Rechts sowie die auf Bundesebene zusammengeschlossenen Verbände der freien Wohlfahrtspflege kraft Gesetzes anerkannte Träger der freien Jugendhilfe.

Darüber hinaus haben sich die Länder über detaillierte „Grundsätze" für die Anerkennung von Trägern der freien Jugendhilfe nach § 75 SGB VIII der Arbeitsgemeinschaft der obersten Landesjugendbehörden vom 14.4.1994 verständigt (abgedruckt bei Wiesner 2006, Anhang zu § 75).

13.2 Finanzierung von Trägern der freien Jugendhilfe

Wesentliche Strukturprinzipien des deutschen Kinder- und Jugendhilferechts sind u. a. die Leistungserbringung durch Träger der freien Jugendhilfe in weiten Bereichen und die – dafür notwendige – Förderung durch die öffentliche Jugendhilfe (siehe 1.3.3). Gemäß § 4 Abs. 3 soll die öffentliche Jugendhilfe die freie Jugendhilfe „nach Maßgabe dieses Buches" fördern. Das insoweit einschlägige Finanzierungsrecht ist im Detail in den §§ 74, 77 sowie 78a bis 78g enthalten. Das SGB VIII kennt dabei – unbeschadet der Förderung von Kindertageseinrichtungen nach Landesrecht (vgl. § 74a) – zwei Arten der Finanzierung der Träger der freien Jugendhilfe durch Träger der öffentlichen Jugendhilfe (siehe Übersicht 52).

Finanzierung von Trägern der freien Jugendhilfe durch die Träger der öffentlichen Jugendhilfe *Übersicht 52*

1. Subventions- (oder: Förderungs-)Finanzierung
   - gemäß § 74
   - insbesondere in den Leistungsbereichen der §§ 11 bis 14, §§ 16 ff, §§ 27, 28 bis 31
   - aufgrund von Zuwendungsbescheid (Verwaltungsakt), zunehmend auch Zuwendungsvertrag oder Leistungsvertrag
2. Entgeltfinanzierung

2.1 gemäß § 77
   - insbesondere im Bereich der ambulanten Dienste und Einrichtungen nach §§ 17 ff und §§ 27, 28 bis 31, 35a
   - aufgrund von Vereinbarungen über die Höhe der Kosten

2.2 gemäß §§ 78a bis 78g
   - bei teilstationären und stationären Einrichtungen nach §§ 13 Abs. 3, 19, 21 Satz 2, §§ 27, 32 bis 35a, 39, 41
   - aufgrund von Leistungs-, Entgelt- und Qualitätsentwicklungsvereinbarungen

3. Finanzierung (nur) aufgrund Landesrechts
   - vgl. § 74a Satz 1 (seit 1.1.2005):
   - bei Tageseinrichtungen für Kinder (§§ 22 ff)
   - bisher überwiegend unter ausdrücklicher oder konkludenter Anknüpfung an § 74 (siehe 1.), teilweise auch an §§ 77, 78a ff (siehe 2.) oder an beides (siehe 1. und 2.)
   - oder unter weit(est)gehender Ablösung von den Regelungen des SGB VIII, z. B. in Form von Gutscheinen oder Kindpauschalen etc.

13.3 Subventionsfinanzierung (§ 74)

Die für die Kinder- und Jugendhilfe nach wie vor bedeutendste Art der Finanzierung der Träger der freien Jugendhilfe ist die so genannte Subventions- (oder Förderungs-)Finanzierung nach § 74 (siehe Übersicht 53) aufgrund (zumeist) eines Verwaltungsaktes (Zuwendungsbescheides) oder auch eines Zuwendungs- oder Leistungsvertrages (im Einzelnen Wabnitz 2003, Rdnr. 111–219). Sie findet in grundsätzlich allen Aufgabenbereichen Anwendung, soweit nicht die Entgeltfinanzierung (siehe 13.4) vorgeschrieben oder gemäß § 74a Satz 1 allein Landesrecht maßgeblich ist.

Förderung der Träger der freien Jugendhilfe durch den Träger der öffentlichen Jugendhilfe (§ 74 Abs. 1 Satz 1, 2. Halbsatz) — *Übersicht 53*

1. Tatbestandsvoraussetzungen
1.1 Erfüllen fachlicher Voraussetzungen (Nr. 1)
1.2 Gewähr bieten für eine zweckentsprechende und wirtschaftliche Mittelverwendung (Nr. 2)
1.3 Verfolgen gemeinnütziger Ziele (Nr. 3)
1.4 Erbringen einer angemessenen Eigenleistung (Nr. 4)
1.5 Gewähr bieten für eine den Zielen des Grundgesetzes förderliche Arbeit (Nr. 5)
2. Rechtsfolge
2.1 freie Jugendhilfe soll gefördert werden (§ 4 Abs. 3, § 74 Abs. 1 Satz 1), Jugendverbände sind zu fördern (§ 12 Abs. 1)
2.2 Entscheidung über Art und Höhe der Förderung nach pflichtgemäßem Ermessen im Rahmen der verfügbaren Haushaltsmittel (§ 74 Abs. 3)
2.3 weitere Auswahl- und Förderkriterien: § 74 Abs. 2, 4, 5, 6

Eine auf Dauer angelegte Förderung setzt gemäß § 74 Abs. 1 Satz 2 in der Regel die Anerkennung als Träger der freien Jugendhilfe nach § 75 voraus (siehe 13.1). Hinsichtlich der Tatbestandvoraussetzungen von § 74 Abs. 1 im Einzelnen siehe Fall 13.

Vertiefung

Strittig ist, ob bei Vorliegen der tatbestandsmäßigen Voraussetzungen des § 74 Abs. 1 ein Rechtsanspruch von Trägern der freien Jugendhilfe (zumindest) auf Förderung (dem Grunde nach) besteht. Dies wird von der Rechtsprechung noch überwiegend abgelehnt, von mir und von einigen anderen Autoren jedoch mit Blick auf die eng gefassten Tatbestandsmerkmale des § 74 Abs. 1 und die erkennbare Schutzwirkung mit Blick auf Träger der freien Jugendhilfe sowie deren zentrale Stellung im Gesamtsystem des deutschen Kinder- und Jugendhilferechts (siehe 1.3.3) jedoch bejaht (Wabnitz 2003, Rdnr. 147–153, Wabnitz 2007, ZKJ, 189, Wabnitz 2005, 271–274 mit zahlreichen Nachweisen; ferner Kunkel 2006, Rz 273, Mrozynski 2004, § 74, Rz 9; nunmehr auch VGH Baden-Württemberg, ZKJ 2007, 203 f). Andere Gerichte haben zumindest die Verpflichtung von Trägern der öffentlichen Jugendhilfe auf angemessene „Auslaufförderung" von Trägern der freien Jugendhilfe anerkannt, wenn diese sich (unter engen Voraussetzungen) auf den Grundsatz des Vertrauensschutzes berufen konnten (Wabnitz 2003, Rdnr. 181–189, sowie Wabnitz 2005, 284–289).

Gemäß § 74 Abs. 3 Satz 1 entscheidet allerdings über die Art und Höhe der Förderung der Träger der öffentlichen Jugendhilfe „im Rahmen der verfügbaren Haushaltsmittel nach pflichtgemäßem Ermessen". Die Träger der freien Jugendhilfe haben hier also eine insgesamt „schwache" rechtliche Position. Sie können sich gegenüber ablehnenden Förderentscheidungen zumeist nur im Falle von Ermessensfehlern, von willkürlichen oder „nicht Richtlinien konformen" Ablehnungsentscheidungen oder bei Verstößen gegen präzise Vorgaben der Jugendhilfeplanung nach § 80 (siehe 13.6) mit Aussicht auf Erfolg gegenüber den Trägern der öffentlichen Jugendhilfe gerichtlich zur Wehr setzen.

13.4 Entgeltfinanzierung (§§ 77, 78a bis 78g)

Hierbei sind zwei Varianten zu unterscheiden, nämlich die Entgeltfinanzierung nach § 77 und die nach §§ 78a bis 78g.

13.4.1 Vereinbarungen über die Höhe der Kosten (§ 77)

Werden Einrichtungen und Dienste der Träger der freien Jugendhilfe in Anspruch genommen, so sind gemäß § 77 Satz 1 Vereinbarungen über die Höhe der Kosten der Inanspruchnahme zwischen der öffentlichen und freien Jugendhilfe „anzustreben". Diese Finanzierungsart liegt gleichsam „zwischen" der Subventionsfinanzierung nach § 74 (siehe 13.3) und der Entgeltfinanzierung nach den §§ 78a ff (siehe 13.4.2). Letztere bleibt gemäß § 77 Satz 2 „unberührt". Die Finanzierung nach § 77 ist allerdings lediglich „anzustreben" und hat in der Praxis vergleichsweise geringe Bedeutung.

13.4.2 Vereinbarungen über Leistungsangebote, Entgelte und Qualitätsentwicklung (§§ 78a bis 78g)

Ähnlich wichtig wie die Subventionsfinanzierung nach § 74 ist mittlerweile die Entgeltfinanzierung aufgrund der am 1.1.1999 in Kraft getretenen Regelungen der §§ 78a bis 78g für den Bereich der teilstationären und stationären Leistungen der Jugendhilfe, insbesondere im Bereich der Hilfe zur Erziehung nach §§ 27 ff, der Eingliederungshilfe nach § 35a und der Hilfe für junge Volljährige nach § 41. Die Entgeltfinanzierung nach § 78a ff sieht vor, dass der Träger der jeweiligen Einrichtung aufgrund von drei zuvor mit dem Träger der öffentlichen Jugendhilfe abgeschlossenen Vereinbarungen (Verträgen) Entgelte für die in der Einrichtung erbrachten Leistungen erhält (siehe Übersicht 54).

Entgelte aufgrund von Vereinbarungen über Leistungsangebote, Entgelte und Qualitätsentwicklung bei teil- oder vollstationären Einrichtungen und Leistungen (§§ 78a ff)

Übersicht 54

1. Anwendungsbereich (§ 78a): teil- oder vollstationäre Einrichtungen und Leistungen nach §§ 13 Abs. 3, 19, 21 Satz 2, §§ 27, 32 bis 35a, 39, 41
2. Verpflichtung des Trägers der öffentlichen Jugendhilfe zur Übernahme des Leistungsentgelts grundsätzlich (vgl. § 78b Abs. 3) nur bei
2.1 Leistungen im Inland (§ 78b Abs. 2 Satz 2)

2.2 und nach vorherigem Abschluss von drei Vereinbarungen:
- einer Leistungsvereinbarung (§ 78b Abs. 1 Nr. 1),
- einer Entgeltvereinbarung (§ 78b Abs. 1 Nr. 2) sowie
- einer Qualitätsentwicklungsvereinbarung (§ 78b Abs. 1 Nr. 3)

3. inhaltliche Vorgaben für Vereinbarungen nach § 78b

3.1 Vereinbarungen nur für zukünftige Zeiträume (§ 78d)

3.2 Grundsätze der Leistungsfähigkeit, Wirtschaftlichkeit und Sparsamkeit (§ 78b Abs. 2 Satz 1)

3.3 Einzelheiten für Leistungs- und Entgeltvereinbarungen (vgl. § 78c)

3.4 Rahmenverträge auf Landesebene (§ 78 f)

4. Zuständigkeiten (§§ 78e, f)

4.1 grundsätzlich: Abschluss von Vereinbarungen nach § 78b zwischen dem Träger der Einrichtung und dem örtlichen Träger der öffentlichen Jugendhilfe (§ 78e Abs. 1); ggf. auch durch regionale oder landesweite Kommissionen (§ 78e Abs. 3)

4.2 Rahmenverträge nach § 78 f durch kommunale Spitzenverbände und Verbände der freien Jugendhilfe auf Landesebene

5. Konfliktregelung

5.1 ggf. durch paritätisch (und mit einem unparteiischen Vorsitzenden) besetzte Schiedsstellen in jedem Bundesland (§ 78g Abs. 1);

5.2 gegen deren Entscheidungen ggf. Rechtsweg zu den Verwaltungsgerichten (§ 78g Abs. 2 Sätze 2 bis 4) – ohne Widerspruchsverfahren

Der Träger der Einrichtung hat bei Vorliegen der gesetzlichen Voraussetzungen nach überwiegender Auffassung einen Rechtsanspruch auf Abschluss von Verträgen nach § 78b (Wabnitz 2005, 257–259), jedoch nicht auf Belegung seiner Einrichtung.

13.5 Gesamtverantwortung, Gewährleistungsverpflichtung (§ 79)

§ 79 ist die „Fundamentalnorm" für die Ausführung des SGB VIII. Gemäß § 79 Abs. 1 haben die Träger der öffentlichen Jugendhilfe die Gesamtverantwortung einschließlich der Planungsverantwortung für die Erfüllung aller Aufgaben nach dem SGB VIII. Dementsprechend sind die örtlichen und die überörtlichen Träger gemäß § 85 auch im Detail für grundsätzlich alle Aufgaben der Kinder- und Jugendhilfe nach dem SGB VIII sachlich zuständig, richten sich Leistungsverpflichtungen und ggf. Rechtsansprüche gemäß § 3 Abs. 2 Satz 2 nur an die Träger der öffentlichen (und nicht der freien) Jugendhilfe und werden gemäß § 3 Abs. 3 die anderen Aufgaben grundsätzlich nur von diesen wahrgenommen.

Neben der Gesamtverantwortung der Träger der öffentlichen Jugendhilfe nach § 79 Abs. 1 gibt es die Gewährleistungsverpflichtung nach § 79 Abs. 2 (siehe Übersicht 55). Nach dessen Satz 1 sollen die Träger der öffentlichen Jugendhilfe gewährleisten, dass die zur Erfüllung der Aufgaben nach dem SGB VIII erforderlichen und geeigneten Einrichtungen, Dienste und Veranstaltungen den verschiedenen Grundrichtungen der Erziehung entsprechend rechtzeitig und ausreichend zur Verfügung stehen; hierzu zählen insbesondere auch Pfleger, Vormünder und Pflegepersonen.

Inhalt und Umfang der Gewährleistungsverpflichtung (§ 79 Abs. 2 Satz 1)

Übersicht 55

Es ist seitens des Trägers der öffentlichen Jugendhilfe zu gewährleisten:
1. die rechtzeitige Bereitstellung
2. der erforderlichen und
3. geeigneten Dienste/Einrichtungen
4. in pluraler Breite
5. mit ausreichender Personal-
6. und Finanzausstattung.

Gemäß § 79 Abs. 2 Satz 2 haben die Träger der öffentlichen Jugendhilfe von den für die Jugendhilfe bereitgestellten Mitteln „einen angemessenen Anteil für die Jugendarbeit zu verwenden". Dies unterstreicht nachhaltig die Bedeutung der Jugendarbeit nach den §§ 11, 12 und 15! Schließlich haben die Träger der öffentlichen Jugendhilfe gemäß § 79 Abs. 3 für eine ausreichende Ausstattung der JÄer und der LJÄer zu sorgen; hierzu gehört auch eine dem Bedarf entsprechende Anzahl von Fachkräften.

13.6 Jugendhilfeplanung, Zusammenarbeit (§§ 80, 78, 81)

§ 80 regelt – im Anschluss an § 79 Abs. 1 – die für die örtliche bzw. überörtliche Jugendhilfe außerordentlich wichtige Jugendhilfeplanung – das maßgebliche Planungs- und Steuerungsinstrument insbesondere für die gesamte örtliche Kinder- und Jugendhilfe und damit die wichtigste „Stellschraube" gleichsam auf der Makroebene. Zuständig für die Beschlussfassung über die Jugendhilfeplanung ist gemäß § 71 Abs. 2 Nr. 2 der JHA, auch wenn diese in der Verwaltung des JA im Detail vorbereitet wird. Üblich sind zudem Fachplanungen für Teilbereiche der Kinder- und Jugendhilfe, z. B. für den Bereich der Tageseinrichtungen für Kinder. Von besonderer Bedeutung sind die frühzeitige – und ggf. einklagbare – Beteiligung der Träger der freien Jugendhilfe (§ 80 Abs. 3) und die Abstimmung und Verzahnung mit anderen kommunalen Planungen (§ 80 Abs. 4). Wesentliche inhaltliche Ziele der Jugendhilfeplanung sind in § 80 Abs. 2 und 4 formuliert (u. a. Bedürfnisse junger Menschen und Familien). Die Regelungen über das Planungsverfahren in § 80 Abs. 1 lassen sich wie in Übersicht 56 dargestellt zusammenfassen.

Jugendhilfeplanung (§ 80 Abs. 1)

1. Bestandsfeststellung
2. Zielformulierung
3. Bedarfsermittlung
4. Bedarfsdeckungsplanung (mit Prioritätensetzung)
5. Durchführungsplanung
6. Realisierung der geplanten Vorhaben
7. Erfolgskontrolle
8. Planfortschreibung

Übersicht 56

Gemäß § 78 „sollen" die Träger der öffentlichen Jugendhilfe die Bildung von Arbeitsgemeinschaften anstreben, in denen neben ihnen die anerkannten Träger der freien Jugendhilfe sowie die Träger geförderter Maßnahmen vertreten sind.

§ 81 schließlich enthält die Verpflichtung der Träger der öffentlichen Jugendhilfe zur Zusammenarbeit mit anderen Stellen und öffentlichen Einrichtungen, also insbesondere mit den wichtigen Partnern in den Bereichen Schule, Arbeitsverwaltung, Gesundheits- und Sozialämter, Polizei etc. Die genannten Partner selbst werden nicht durch § 81, sondern (teilweise) aufgrund anderer, für sie maßgeblicher Gesetze zur Kooperation mit der Kinder- und Jugendhilfe verpflichtet.

 Literatur

Jordan, E., Schone, R. (Hrsg.) (2000): Handbuch Jugendhilfeplanung
Kunkel, P.-Chr. (2000): Rechtsfragen der Finanzierung freier Träger
– (2001): § 79 SGB VIII. Leitnorm oder Norm light?
Maykus, S. (2006): Herausforderung Jugendhilfeplanung
Münder, J. (2001): Wer zahlt, schafft an? Zur Finanzierung im Kinder- und Jugendhilferecht
Wabnitz, R. J. (2003): Recht der Finanzierung der Jugendarbeit und Jugendsozialarbeit. Ein Handbuch
– (2007a): Der Rechtsanspruch von Trägern der freien Jugendhilfe auf Förderung nach § 74 Abs. 1 SGB VIII, ZKJ, 189
Wiesner, R. (1999): Die Neuregelung der Entgeltfinanzierung in der Kinder- und Jugendhilfe

Fall 13: Anerkennung und Förderung von Trägern der freien Jugendhilfe

Der vor einem Jahr gegründete Landesverband der „Kommunistischen Jugend e. V." (KJH) im Bundesland X mit örtlichen Untergliederungen in acht JÄern und mit Sitz in der Landeshauptstadt stellt beim JA Antrag auf Anerkennung als Träger der freien Jugendhilfe gemäß § 75 SGB VIII. Nach Auffassung des JA sei dieses dafür nicht zuständig, sondern das LJA, an das es den Antrag weiterleitet.

Das LJA weist den Antrag ab, und zwar mit folgender Begründung: Nach der Vereinssatzung wolle der Antragsteller mit seiner Kinder- und Jugendarbeit und durch Bildungs- und Freizeitangebote zwar zur Emanzipation und Persönlichkeitsentwicklung junger Menschen beitragen und zur aktiven Mitgestaltung der Gesellschaft anregen. Zugleich werde jedoch das Ziel verfolgt, die „faschistischen" Verfassungsorgane Bundestag und Bundesrat abzuschaffen und eine „Diktatur des

Proletariats" zu errichten. Dies ergebe sich eindeutig aus der Satzung der „Wahren Kommunistischen Partei Deutschlands", der der Antragsteller angehöre.

1. Welche Behörde ist sachlich zuständig?

2. Wie beurteilen Sie die Ablehnung des Antrages?

3. Wie könnte sich der Verein dagegen zur Wehr setzen?

Unterstellt, es handelte sich nicht um die KJH, sondern um die Arbeiterwohlfahrt (AWO) Wiesbaden. Diese ist bereits seit Jahren als Träger der freien Jugendhilfe anerkannt, leistet fachlich überzeugende Jugendarbeit und hat bereits mehrfach vom JA eine Projektförderung für Maßnahmen der Jugendarbeit erhalten. Die AWO beantragt nunmehr im Januar die Förderung einer Freizeitmaßnahme im Taunus in den Sommerferien für Kinder und Jugendliche aus sozial schwierigen Verhältnissen. Das JA teilt dem Antragsteller im Februar mit, dass in diesem und im nächsten Jahr wegen der angespannten Finanzsituation der Stadt keine Haushaltsmittel für Freizeitmaßnahmen in den (Doppel-) Haushalt eingestellt worden seien, und lehnt den Antrag deshalb „mit Bedauern" per Bescheid ab.

4. War das JA für diese Entscheidung sachlich zuständig?

5. Wie beurteilen Sie diese Entscheidung aus rechtlicher Sicht?

6. Wie könnte sich die AWO dagegen zur Wehr setzen?

14 Verfahrensfragen und ergänzende Vorschriften

14.1 Örtliche Zuständigkeit und Kostenerstattung (§§ 86 bis 89h)

Örtlich zuständig bedeutet, dass der „geografisch richtige" Träger der Jugendhilfe (mit seinem JA, LJA) handelt bzw. verantwortlich ist. Dies betrifft sowohl die Frage, wer von mehreren sachlich zuständigen (siehe 12.2) Trägern die jeweilige Aufgabe nach dem SGB VIII wahrzunehmen hat, als auch die Frage, wer die Kosten dafür zu tragen hat. Besonders Letzteres ist in der Praxis von ganz zentraler Bedeutung. Das SGB VIII trifft in den §§ 86ff umfangreiche Regelungen für die örtliche Zuständigkeit (siehe Übersicht 57), differenziert jeweils nach den verschiedenen Aufgaben nach dem SGB VIII (siehe 14.1.1 und 14.1.2). Hat ein nicht örtlich zuständiger Träger gehandelt, muss der örtlich zuständige Träger diesem ggf. die Kosten erstatten (siehe 14.1.3).

Örtliche Zuständigkeit (§§ 86 bis 88)
= Bestimmung des „geografisch richtigen" örtlichen oder überörtlichen Trägers der öffentlichen Jugendhilfe

Übersicht 57

1. für Leistungen
1.1 Generell ist maßgeblich der „gewöhnliche Aufenthalt" (g. A.)
  - der Eltern
  - eines Elternteiles
  - des Kindes oder
  - der Pflegeperson
  - Sonderregelungen für Asylbewerber (gemäß § 86 Abs. 7, ausnahmsweise der „tatsächliche Aufenthalt")
1.2 Sonderregelungen für spezielle Leistungen bei
  - jungen Volljährigen § 86a
  - Wohnformen Eltern/Kind § 86b
  - Zuständigkeitswechsel § 86c

> - vorläufigem Tätigwerden § 86d
> - Aufenthalt im Ausland § 88
> 2. für andere Aufgaben: jeweils separate Regelungen je nach konkreter Aufgabe:
>   2.1 § 87 (§ 42)
>   2.2 § 87a (§§ 43, 44, 45 ff)
>   2.3 § 87b (§§ 50 bis 52)
>   2.4 § 87c (§§ 52a ff)
>   2.5 § 87d (§§ 53, 54)
>   2.6 § 87e (§ 59)

14.1.1 Örtliche Zuständigkeit für Leistungen

Anknüpfungspunkt für die örtliche Zuständigkeit bei Leistungen der Kinder- und Jugendhilfe nach dem SGB VIII ist gemäß § 86 Abs. 1 grundsätzlich der gewöhnliche Aufenthalt (g. A.) der Eltern, nachrangig eines Elternteiles oder des Kindes (vgl. § 86 Abs. 1 bis 7). Der g. A. ist in § 30 Abs. 3 Satz 2 SGB I definiert: Dieser ist dort, wo sich jemand unter Umständen aufhält, die erkennen lassen, dass er an diesem Ort oder in diesem Gebiet nicht nur vorübergehend verweilt. Lässt sich kein g. A. feststellen, ist der tatsächliche Aufenthalt für die Bestimmung der örtlichen Zuständigkeit maßgeblich. §§ 86a bis 86d enthalten darüber hinaus spezielle Regelungen.

14.1.2 Örtliche Zuständigkeit für andere Aufgaben

Die örtliche Zuständigkeit für andere Aufgaben (§§ 42 bis 60) richtet sich gemäß §§ 87 bis 87e je nach der konkreten anderen Aufgabe.

14.1.3 Kostenerstattung

Hat ein örtlich nicht oder nicht mehr zuständiger öffentlicher Träger gehandelt, hat er gegen den (eigentlich) zuständigen oder (z. B. nach Ortswechsel von Leistungsberechtigten) zuständig gewordenen örtlichen Träger oder gegenüber dem überörtlichen Träger einen Kostenerstattungsanspruch nach den §§ 89 bis 89h. Vor dem Hintergrund dieser teilweise komplizierten Regelungen kommt es nicht selten zu gerichtlichen Auseinandersetzungen zwischen den Trägern der öffentlichen Jugendhilfe.

14.2 Kostenbeteiligung (§§ 90 bis 97c)

Fragen der Kostenbeteiligung stellen sich im Verhältnis zwischen den Trägern der öffentlichen Jugendhilfe und Personensorgeberechtigten/jungen Menschen ggf. wie folgt: Müssen sich Letztere an den Kosten der Leistungen oder (nur ausnahmsweise) für die Wahrnehmung anderer Aufgaben beteiligen oder ist Kinder- und Jugendhilfe „kostenfrei"? Das SGB VIII sieht hier die drei in Übersicht 58 genannten Varianten vor.

Kostenbeteiligung von Personensorgeberechtigten/ jungen Menschen

Übersicht 58

1. keine Kostenbeteiligung zumeist bei Beratungsangeboten und ambulanten „niedrig schwelligen" Angeboten
2. pauschalierte Kostenbeteiligung durch Erhebung von Teilnahmebeiträgen/Gebühren (§ 90)
3. Kostenbeiträge, Heranziehung zu den Kosten zumeist bei teilstationären/stationären Leistungen sowie vorläufigen Maßnahmen (§§ 91 bis 97c)

14.2.1 Keine Kostenbeteiligung

Kostenfrei sind insbesondere Beratungsleistungen sowie sonstige „niedrig schwellige" und zumeist die ambulanten Leistungen der Kinder- und Jugendhilfe (siehe Übersicht 59).

Keine Kostenbeteiligung für

Übersicht 59

1. Jugendsozialarbeit (§ 13); außer
   - sozialpädagogisch begleitete Ausbildungs- und Beschäftigungsmaßnahmen im Rahmen einer Hilfe zur Erziehung (§ 27 Abs. 3)
   - Unterbringung in sozialpädagogisch begleiteter Wohnform (§ 13 Abs. 3)
2. Erzieherischer Kinder- und Jugendschutz (§ 14)
3. Familienberatung (§ 16 Abs. 2 Nr. 2)
4. Beratung in Fragen der Partnerschaft, Trennung und Scheidung (§ 17)
5. Beratung und Unterstützung bei der Ausübung der Personensorge und des Umgangsrechtes (§ 18)
6. Ambulante Hilfen zur Erziehung
   6.1 Erziehungsberatung (§ 28)
   6.2 Soziale Gruppenarbeit (§ 29)
   6.3 Erziehungsbeistand, Betreuungshelfer (§ 30)
   6.4 Sozialpädagogische Familienhilfe (§ 31)
7. ambulante Formen der Eingliederungshilfe (§ 35a)
8. Nachbetreuung für junge Volljährige (§ 41 Abs. 3)
9. Erteilung von Erlaubnissen (§§ 43 bis 49)
10. Beratung und Unterstützung (§ 52a)
11. Beistandschaft/Pflegschaft/Vormundschaft (§ 55)
12. Urkundstätigkeit (§ 59)

14.2.2 Pauschalierte Kostenbeteiligung

Eine pauschalierte Kostenbeteiligung ist gemäß § 90 Abs. 1 möglich aufgrund einer Festsetzung von Kostenbeiträgen bei den in Übersicht 60 genannten Angeboten.

Pauschalierte Kostenbeteiligung (§ 90) bei Angeboten der

Übersicht 60

1. Jugendarbeit (§ 11)
2. allgemeinen Förderung der Erziehung in der Familie (§ 16 Abs. 1, Abs. 2 Nr. 1 und 3)
3. Förderung von Kindern in Tageseinrichtungen und Kindertagespflege (§§ 22 bis 24)

Von den Möglichkeiten der pauschalierten Kostenbeteiligung wird in der Praxis weitgehend Gebrauch gemacht im Bereich der Tageseinrichtungen für Kinder. Gemäß § 90 Abs. 1 Satz 2 ist dabei eine Staffelung der Kostenbeiträge nach Einkommen, Kinderzahl und Betreuungszeiten vorzunehmen (vgl. auch BVerfGE 97, 352). In den Fällen unzumutbarer Belastung kann bzw. soll gemäß § 90 Abs. 2 bis 4 der Kostenbeitrag allerdings auf Antrag ganz oder teilweise erlassen werden.

14.2.3 Kostenbeiträge/Heranziehung zu den Kosten

Zu den in Übersicht 61 genannten voll- und teilstationären Leistungen sowie vorläufigen Maßnahmen werden schließlich gemäß § 91 Kostenbeiträge von den Leistungsberechtigten, insbesondere den Eltern (vgl. § 92 Abs. 1), erhoben.

Erhebung von Kostenbeiträgen (§ 91) bei folgenden

Übersicht 61

1. vollstationären Leistungen und vorläufigen Maßnahmen
1.1 Unterbringung eines jungen Menschen in sozialpädagogisch begleiteter Wohnform (§ 13 Abs. 3)
1.2 Betreuung und Unterkunft in gemeinsamen Wohnformen (§ 19)
1.3 Betreuung und Versorgung des Kindes in Notsituationen (§ 20)
1.4 Unterstützung zur Erfüllung der Schulpflicht (§ 21)
1.5 Hilfe zur Erziehung bei
 a) Vollzeitpflege (§ 33)
 b) Heimerziehung/betreuter Wohnform (§ 34)
 c) intensiver sozialpädagogischer Einzelbetreuung außerhalb des Elternhauses (§ 35)
 d) auf der Grundlage von § 27 in stationärer Form
1.6 Eingliederungshilfe für seelisch behinderte Kinder und Jugendliche in Einrichtungen und durch geeignete Pflegepersonen (§ 35a Abs. 2 Nr. 3 und 4)
1.7 Inobhutnahme (§ 42)
1.8 Hilfe für junge Volljährige (§ 41) entsprechend 1.5 und 1.6
2. teilstationären Leistungen
2.1 Betreuung und Versorgung von Kindern in Notsituationen (§ 20)

> 2.2 Hilfe zur Erziehung in Tagesgruppen (§ 32) und anderen teilstationären Leistungen (§ 27)
> 2.3 Eingliederungshilfe (§ 35a Abs. 2 Nr. 2)
> 2.4 Hilfe für junge Volljährige entsprechend 2.2 und 2.3

Das System der Erhebung von Kostenbeiträgen bzw. der Heranziehung zu den Kosten ist mit Wirkung vom 1.10.2005 grundlegend neu geregelt und wesentlich vereinfacht worden (zu den Einzelheiten vgl. GK-SGB VIII/Busch 2008, Erläuterungen zu §§ 91 ff).

Gemäß § 92 Abs. 2 erfolgt die Heranziehung durch Erhebung eines Kostenbeitrages, der durch Leistungsbescheid (Verwaltungsakt) festgesetzt wird. Von der Heranziehung soll gemäß § 92 Abs. 5 allerdings im Einzelfall ganz oder teilweise abgesehen werden, insbesondere wenn sonst Ziel und Zweck der Leistungen gefährdet würden oder sich aus der Heranziehung eine besondere Härte ergäbe.

Die Kostenbeitragspflichtigen sind gemäß § 94 Abs. 1 Satz 1 aus ihrem Einkommen in angemessenem Umfang zu den Kosten heranzuziehen. Die Berechnung des Einkommens erfolgt auf der Grundlage von § 93. Für die Festsetzung der Kostenbeiträge werden gemäß § 94 Abs. 5 nach Einkommensgruppen gestaffelte Pauschalbeträge durch Rechtsverordnung des zuständigen Bundesministeriums mit Zustimmung des Bundesrats bestimmt – mit weiteren Detailregelungen und nach Einkommensgruppen gestaffelten Pauschalbeträgen für die Höhe der zu errichtenden Kostenbeiträge. Möglich ist auch eine Überleitung von Ansprüchen nach § 95 auf den Träger der öffentlichen Jugendhilfe.

14.3 Datenschutz bei Sozialdaten (§§ 61 bis 68)

14.3.1 Datenschutz im Sozialgesetzbuch

Der Schutz von Sozialdaten ist für das Vertrauensverhältnis zwischen Bürger und Staat sowie zwischen Klienten und den Trägern der Jugendhilfe von besonderer Bedeutung. Bereits im Jahre 1983 hatte das Bundesverfassungsgericht in einer berühmten

Entscheidung (BVerfGE 65, 1) aufgrund von Art. 1 Abs. 1 (Menschenwürde) und Art. 2 Abs. 1 GG (freie Entfaltung der Persönlichkeit) das „Grundrecht auf informationelle Selbstbestimmung" entwickelt. Darauf bauen die Datenschutzgesetze von Bund und Ländern auf.

Für das Sozialleistungsrecht und die Soziale Arbeit gilt zunächst das Sozialgeheimnis des § 35 Abs. 1 SGB I. Dieses schützt alle personenbezogenen Daten, ohne dass es sich dabei um „Geheimnisse" im umgangssprachlichen Sinne handeln muss.

Eine Erhebung, Verarbeitung, Speicherung, Übermittlung und sonstige Nutzung von Sozialdaten ist deshalb gemäß § 35 Abs. 2 SGB I nur unter den (engen!) Voraussetzungen der §§ 67 bis 85a SGB X zulässig – und im Übrigen nur dann, wenn der Betroffene eingewilligt hat. Der wichtigste Übermittlungstatbestand betreffend Sozialdaten im Bereich des Sozialleistungsrechts nach dem SGB ist § 69 SGB X. Danach ist eine Übermittlung von Sozialdaten zur Erfüllung aller Aufgaben nach dem SGB grundsätzlich zulässig. Auf dieser breiten gesetzlichen Basis ist der Datenaustausch zwischen Sozialleistungsträgern in weitem Umfang auch ohne Einwilligung der Betroffenen erlaubt.

Ergänzend und teilweise einengend gelten für die Kinder- und Jugendhilfe zusätzlich die §§ 61 bis 68 SGB VIII (siehe § 61 Abs. 1 Satz 1), so dass das für die Kinder- und Jugendhilfe relevante Datenschutzrecht gleichsam „dreistufig" aufgebaut ist und zudem noch durch den Straftatbestand des § 203 StGB „Verletzung von Privatgeheimnissen" ergänzt wird (im Einzelnen GK-SGB VIII/Kunkel 2008, Erläuterungen vor § 61 und zu §§ 61 ff) (siehe Übersicht 62).

Sozialdatenschutz in der Kinder- und Jugendhilfe (für öffentliche Träger)

Übersicht 62

1. § 35 I SGB I: Sozialgeheimnis
2. §§ 67 bis 85a SGB X: Ausnahmen
3. §§ 61 bis 68 SGB VIII: so genannte Jugendhilfe-Additive
4. § 203 StGB: Geheimhaltungspflicht von Sozialarbeitern/Sozialpädagogen

14.3.2 Datenschutz nach den §§ 61 bis 68 („Jugendhilfe-Additive")

Das Datenschutzrecht nach dem SGB I und X sowie VIII gilt nur für Sozialleistungsträger bzw. für Träger der öffentlichen Jugendhilfe sowie für Gemeinden (§ 61 Abs. 1 Satz 2 und 3), nicht jedoch für Träger der freien Jugendhilfe. Letztere regeln den Datenschutz in ihrem Bereich in eigener Zuständigkeit und Verantwortung. Werden allerdings Einrichtungen und Dienste von Trägern der freien Jugendhilfe in Anspruch genommen, so ist durch die Träger der öffentlichen Jugendhilfe sicher zu stellen, dass der Schutz der personenbezogenen Daten bei der Erhebung und Verwendung in entsprechender Weise gewährleistet ist (§ 61 Abs. 3). Schließlich gilt für den Schutz von Sozialdaten im Rahmen der Tätigkeit des JA als Amtpfleger, Amtsvormund, Beistand und Gegenvormund nur § 68 (gemäß § 61 Abs. 2).

Für die Erhebung von Sozialdaten nach dem SGB VIII gilt dessen § 62. Diese dürfen nach Abs. 1 nur erhoben werden, wenn ihre Kenntnis zur Erfüllung der jeweiligen Aufgabe erforderlich ist. Zudem dürfen Sozialdaten nach Abs. 2 Satz 1 grundsätzlich nur beim Betroffenen selbst und nicht bei Dritten erhoben werden. Ausnahmsweise dürfen Sozialdaten ohne Mitwirkung des Betroffenen und ohne dessen Einwilligung in den Fällen von § 62 Abs. 3 Nr. 1 bis 4 erhoben werden, also u. a. zur Feststellung von Leistungsvoraussetzungen (Nr. 2a), bei der Wahrnehmung von Schutzaufgaben (Nr. 2c) oder bei Kindeswohlgefährdung (Nr. 2d).

Die Datenspeicherung ist gemäß § 63 Abs. 1 nur zulässig, soweit dies für die Erfüllung der jeweiligen Aufgabe erforderlich ist. Laut § 64 Abs. 1 dürfen Sozialdaten nur zu dem Zweck übermittelt oder genutzt werden, zu dem sie erhoben worden sind. § 64 Abs. 2 enthält eine gegenüber § 69 SGB X einengende Regelung. Danach ist eine Übermittlung für die Erfüllung von Aufgaben nach § 69 SGB X nur zulässig, soweit dadurch der Erfolg einer zu gewährenden Leistung nicht in Frage gestellt wird. Und gemäß § 64 Abs. 2a sind vor einer Übermittlung an eine Fachkraft, die der verantwortlichen Stelle nicht angehört, die Sozialdaten zu anonymisieren oder zu pseudonymisieren, soweit die Aufgabenerfüllung dies zulässt.

Für wichtige Arbeitsbereiche der Kinder- und Jugendhilfe ist schließlich § 65 betreffend den besonderen Vertrauensschutz in der persönlichen und erzieherischen Hilfe von besonderer Bedeutung, z. B. für die Tätigkeit in Beratungsdiensten nach §§ 17 ff und für die Hilfen zur Erziehung nach §§ 27 ff. Gemäß § 65 Abs. 1 Satz 1 dürfen Sozialdaten, die dem Mitarbeiter eines Trägers der öffentlichen Jugendhilfe zum Zweck persönlicher und erzieherischer Hilfe anvertraut worden sind, nur unter den engen Voraussetzungen der Nummern 1 bis 5 weitergegeben werden. Damit soll das Vertrauensverhältnis zwischen Klienten und Fachkraft der Sozialen Arbeit geschützt werden. Eine Weitergabe ist also u. a. nur zulässig mit Einwilligung dessen, der die Daten anvertraut hat, unter Gesichtspunkten des Kindesschutzes und unter den Voraussetzungen, unter denen eine der in § 203 Abs. 1 oder 3 des StGB genannten Personen dazu befugt wäre.

14.4 Ergänzende Vorschriften (§§ 98 bis 105)

§§ 98 bis 103 enthalten (in den letzten Jahren wiederholt verbesserte) Rechtsgrundlagen für die Kinder- und Jugendhilfestatistik, die wertvolle Informationen für die meisten Bereiche der Kinder- und Jugendhilfe auf Bundes-, Landes- und örtlicher Ebene zur Verfügung stellt.

§§ 104 und 105 sind Straf- und Bußgeldvorschriften, insbesondere für Fälle von Tages- oder Vollzeitpflege sowie beim Betrieb von Einrichtungen ohne die erforderliche Erlaubnis nach §§ 43, 44, 45.

Literatur

Fischer, L., Mann, H. (2002): Neuere Rechtsprechung zu den Entgelten für den Besuch eines Kindergartens

Kunkel, P.-Chr. (2001): §§ 86, 87c SGB VIII – die „Leuchttürme" der örtlichen Zuständigkeit

Riehle, E. (2000): Sozialdatenschutz und Zeugnisverweigerungsrecht

Struck, J., Wiesner, R. (2000): Elternbeiträge zum Besuch des Kindergartens

Wiesner, R., Schindler, G., Schmid, H. (2007): Das neue Kinder- und Jugendhilferecht. Einführung

Fall 14: Zuständigkeit und Kostenbeiträge für Anton

Der 12-jährige Anton (A) lebt seit drei Jahren in einem Heim des Caritasverbandes in X aufgrund eines entsprechenden Antrages seiner Eltern nach §§ 27, 34 und einer entsprechenden Entscheidung des JA in Y, dem Wohnort seiner Eltern. Am 1.8. verziehen seine Eltern nach Z in einem anderen Bundesland.

1. Welche Behörde ist sachlich zuständig?

2. Welcher öffentliche Träger ist örtlich zuständig, solange die Eltern in Y gelebt haben bzw. seitdem sie nach Z verzogen sind?

3. Angenommen, das JA in Y hätte die Kosten für die Hilfe nach den §§ 27, 34 auch noch für die Monate August bis Oktober übernommen. Kann es sich diese vom Träger der örtlichen öffentlichen Jugendhilfe in Z erstatten lassen?

4. Ist die zuständige Behörde in Y befugt, der zuständigen Behörde in Z die bei ihr vorhandenen Daten betreffend die Gewährung der Hilfe nach §§ 27, 34 zu übermitteln?

5. Müssen die Eltern von Anton die Kosten für die Heimunterbringung nach §§ 27, 34 tragen bzw. können sie dazu herangezogen werden?

Anhang

Musterlösungen

Lösung Fall 1: Prüfschema und Arbeitsanleitung zur Lösung kinder- und jugendhilferechtlicher Fälle

Der Sachverhalt ist bewusst sehr allgemein gehalten. Wichtig ist zunächst, dass sich Leistungsverpflichtungen nach dem SGB VIII gemäß § 3 Abs. 2 Satz 2 nur an die Träger der öffentlichen Jugendhilfe und nicht an die der freien Jugendhilfe richten, auch wenn diese faktisch überwiegend die Leistungen nach dem SGB VIII erbringen (vgl. § 4 Abs. 2).

Fälle aus dem Kinder- und Jugendhilferecht beinhalten deshalb zumeist die Fragestellung, ob und ggf. in welchem Umfang (objektiv-rechtliche) Verpflichtungen eines Trägers der öffentlichen Jugendhilfe bestehen bzw. ob diese ggf. Rechtsansprüche von Personensorgeberechtigten, von jungen Menschen oder von Trägern der freien Jugendhilfe erfüllen müssen.

Es empfiehlt sich, bei kinder- und jugendhilferechtlichen Fällen nach dem folgenden Prüfschema vorzugehen, insbesondere bei Fällen aus dem Bereich der Hilfe zur Erziehung (siehe Fälle 7 bis 10).

Prüfschema und Arbeitsanleitung für kinder- und jugendhilferechtliche Fälle

(Hinweis: nicht in jedem Fall sind alle folgenden Prüfschritte notwendig!)

I Zuständigkeit

1. Sachliche Zuständigkeit = Prüfung, welche Behörde die von der Sache her „richtige" ist; dies ist zumeist

- das JA gemäß § 85 Abs. 1 i. V. m. § 69 Abs. 1, 3 oder
- das LJA gemäß § 85 Abs. 2 Nr. 1 bis 10 i. V. m. § 69 Abs. 1, 3

156 Anhang

2. Örtliche Zuständigkeit = Prüfung, welche Behörde die „geografisch" richtige ist (vgl. § 86 ff)

3. Funktionelle Zuständigkeit = Prüfung, welche Stelle innerhalb einer Behörde zuständig ist (vgl. z. B. § 70 Abs. 1 und 2 betreffend JHA bzw. Verwaltung des JA); selten relevant.

II Materiell-rechtliche Fragen

Hier ist im Einzelnen zu prüfen, ob alle (!) Tatbestandsvoraussetzungen der jeweils relevanten Paragrafen erfüllt sind. Diese sind sehr unterschiedlich ausgestaltet; vgl. z. B.

- §§ 11, 12, 13, 14 (Kapitel 5)
- §§ 16, 17, 18, 19, 20, 21 (Kapitel 4)
- §§ 23, 24, 25 (Kapitel 6)
- §§ 27 bis 41 (Kapitel 7 bis 9)
- §§ 42 bis 60 (Kapitel 10, 11).

Empfehlenswert ist, dabei gedanklich die folgenden fünf Schritte zu durchlaufen:

1. Zunächst die jeweils einschlägige Norm suchen.

2. Sodann die jeweils relevanten Tatbestandsmerkmale der Norm genau benennen und ggf. auslegen.

3. Sodann die für die konkrete Falllosung relevanten Teile des Sachverhaltes präzise „in den Blick nehmen".

4. Sodann erfolgt die eigentliche „juristische Arbeit", die „Subsumtion" des Sachverhalts unter die jeweils relevanten Tatbestandsmerkmale der Norm.

5. Sodann: Erfüllt der Sachverhalt den Tatbestand in allen seinen Merkmalen, tritt die Rechtsfolge ein. Ist auch nur ein einziges Tatbestandsmerkmal der Norm nicht erfüllt, tritt die Rechtsfolge nicht ein. Das Ergebnis sollte noch einmal als Schlusssatz formuliert werden.

III Antragstellung und Verfahren

1. Das SGB VIII enthält keine explizite Verpflichtung zur Antragstellung. Bei Hilfe zur Erziehung trägt der Träger der öffentlichen Jugendhilfe gemäß § 36a Abs. 1 die Kosten grundsätzlich jedoch nur bei vorheriger positiver Entscheidung darüber durch ihn (Ausnahmen: § 36a Abs. 2, 3). Dies setzt in der Regel eine Antragstellung voraus, zumindest im Bereich der Hilfe zur Erziehung. Antragsberechtigt sind bei Hilfe zur Erziehung der/die Personensorgeberechtigte(n), also in der Regel Mutter und/oder Vater, evtl. ein Vormund oder Pfleger. Ist Adressat der Norm das Kind oder der Jugendliche oder der junge Volljährige selbst, stellen diese den Antrag, ggf. vertreten durch die/den Personensorgeberechtigten.

2. Ggf. ist zu prüfen (insbesondere bei Hilfe zur Erziehung), ob einschlägige Verfahrensvorschriften eingehalten worden sind, z. B. nach § 8 und insbesondere nach §§ 36 und 37.

IV Anrufung des Familiengerichts bei Hilfe zur Erziehung

Gemäß § 8a Abs. 3 Satz 1 hat das JA das Familiengericht anzurufen, wenn nach seiner Überzeugung folgende Voraussetzungen erfüllt sind:

- Gefährdung des Kindeswohls oder fehlende Mitwirkungsbereitschaft der Personensorgeberechtigten;
- deshalb hält das JA ein Tätigwerden des Gerichts für erforderlich. Das Familiengericht hat sodann die nach §§ 1666 ff BGB notwendigen Maßnahmen zu treffen.

V Vorläufige Maßnahmen zum Schutz von Kindern und Jugendlichen

Gegebenenfalls ist bereits vor einer Anrufung des Familiengerichts bei einer dringenden Gefahr gemäß § 8a Abs. 3 Satz 2 eine Inobhutnahme durch das JA geboten (Einzelheiten siehe bei § 42).

VI Widerspruchsverfahren (§§ 68 bis 73 VwGO)

Gegen per Bescheid (Verwaltungsakt) getroffene Entscheidungen des JA ist ggf. das Widerspruchsverfahren möglich. Wegen der Einzelheiten wird auf Fall 5 verwiesen.

VII Verwaltungsgerichtliche Klage

Im Anschluss daran kann in der Regel, zumeist ebenfalls binnen Monatsfrist, Klage vor dem Verwaltungsgericht nach den Bestimmungen der VwGO erhoben werden.

Lösung Fall 2: Wunsch- und Wahlrechte

1. Gemäß § 5 Abs. 1 Satz 1 haben die Leistungsberechtigten das Recht, zwischen Einrichtungen und Diensten verschiedener Träger zu wählen und Wünsche hinsichtlich der Gestaltung der Hilfe zu äußern. Adressat dieser

Verpflichtung bzw. dieses Rechts ist gemäß § 3 Abs. 2 Satz 2 der Träger der öffentlichen (und nicht der freien!) Jugendhilfe, hier also der Landkreis L. Dessen JA ist hier auch unproblematisch sachlich zuständig gemäß § 85 Abs. 1 i. V. m. § 69 Abs. 1, 3.

Wer Leistungsberechtigter im Einzelfall ist, ist nicht in § 5, sondern in §§ 11 ff geregelt. Einschlägig ist hier § 24 Abs. 1 Satz 1. Danach hat „ein Kind" vom vollendeten dritten Lebensjahr bis zum Schuleintritt Anspruch auf den Besuch einer Tageseinrichtung. Leistungsberechtigter und damit Inhaber des Wunsch- und Wahlrechts nach § 5 Abs. 1 Satz 1 ist hier also der vierjährige Sohn St und nicht seine Mutter, die ihn jedoch gesetzlich zu vertreten hat.

Das Wunsch- und Wahlrecht nach § 5 besteht allerdings nicht schrankenlos (vgl. § 5 Abs. 2). Eine weitere, nicht im Gesetz explizit zum Ausdruck gebrachte Schranke des Wunsch- und Wahlrechtes ergibt sich aus den allgemeinen verwaltungs- und haushaltsrechtlichen Grundsätzen der Verhältnismäßigkeit sowie der Wirtschaftlichkeit und Sparsamkeit der öffentlichen Haushaltsführung. Mit diesen wäre es nicht vereinbar, wenn der Träger der öffentliche Jugendhilfe aufgrund von § 5 gezwungen wäre, für ein einziges Kind die organisatorischen und finanziellen Voraussetzungen für den Betrieb eines katholischen Kindergartens zu schaffen. Insoweit ist das Wunsch- und Wahlrecht nach § 5 nach allgemeiner Auffassung auf den Bestand der (bereits) vorhandenen Einrichtungen und Dienste beschränkt. Da in erreichbarer Nähe kein katholischer Kindergarten vorhanden ist, kann nicht verlangt werden, dass St einen Platz in einem neu zu schaffenden Kindergarten erhält.

2. Die Zuständigkeiten der Träger der öffentlichen Sozial- und Jugendhilfe sind gesetzlich geregelt. Gemäß § 10 Abs. 4 Satz 1 gehen Leistungen nach dem SGB VIII den Leistungen nach dem SGB XII vor. Gemäß § 10 Abs. 4 Satz 2 gehen allerdings Leistungen der Eingliederungshilfe nach dem SGB XII für körperlich oder geistig behinderte junge Menschen den Leistungen nach dem SGB VIII vor. Damit ist klargestellt, dass lediglich mit Blick auf seelisch behinderte Kinder und Jugendliche gemäß § 10 Abs. 4 Satz 1, § 35a eine Zuständigkeit der Jugendhilfe, im Übrigen jedoch mit Blick auf körperlich und geistig behinderte junge Menschen eine Zuständigkeit der Sozialhilfe gegeben ist, also auch mit Blick auf T. Diese gesetzlichen Zuständigkeitsregelungen sind für die Leistungsberechtigten nicht disponibel. Sie werden vom Wunsch- und Wahlrecht nach § 5 nicht erfasst.

3. Gemäß § 13 Abs. 3 Satz 1 „kann" jungen Menschen während der Teilnahme an schulischen oder beruflichen Bildungsmaßnahmen etc. Unterkunft in sozialpädagogisch betreuten Wohnformen angeboten werden. Auch mit Blick auf solche Ermessensleistungen („kann") besteht grundsätzlich ein Wunsch- und Wahlrecht von Leistungsberechtigten. Leistungsberechtigter im Sinne von § 5 Abs. 1 Satz 1 i. V. m. § 13 Abs. 3 Satz 1 („junger Mensch") ist hier S selbst, der als Minderjähriger jedoch von M gesetzlich vertreten werden muss. Gemäß § 5 Abs. 2 Satz 1 soll jedoch der Wahl und den Wünschen (nur) entsprochen werden, sofern dies nicht mit unverhältnismäßigen Mehrkosten verbunden ist. Nach der Rechtsprechung sind Mehrkosten in Höhe von bis zu etwa 25% in der Regel als unproblematisch, in Höhe von mehr als 75% als unvertretbar anzusehen. Die Mehrkosten im Heim des privaten Trägers in Höhe von 50% liegen zwischen diesen Parametern, so dass entscheidend darauf abzustellen sein wird, ob Mehrkosten in solcher Höhe mit Blick auf den Gesetzeszweck gerechtfertigt erscheinen. Allein „Komfortgesichtspunkte" dürften insoweit als nicht ausreichend anzusehen sein, so dass S eine Unterbringung in einer um 50% teureren Einrichtung nicht wird verlangen können.

Lösung Fall 3: Das untätige Jugendamt

1. Da Jugendarbeit nach § 11 eine Leistung „nach diesem Buch" im Sinne von § 85 Abs. 1 darstellt und da keine Zuständigkeit des überörtlichen Trägers nach § 85 Abs. 2 gegeben ist, ist das JA dafür unproblematisch sachlich zuständig gemäß § 85 Abs. 1 i. V. m. § 69 Abs. 1, 3.

2. A und B haben allerdings bisher nichts Konkretes unternommen, und gegenüber A und B ist keinerlei positive oder negative Entscheidung von Seiten des JA getroffen worden. Damit liegt weder ein Verwaltungsakt vor noch ist ein solcher begehrt worden, so dass A und B nicht Widerspruch erheben können. Deshalb kann hier offen bleiben, ob sie ggf. einen subjektiven Rechtsanspruch hätten (siehe Fall 5).

3. Fraglich ist, ob sich A, B oder deren Eltern an die Kommunalaufsichtsbehörde wenden könnten. Die Träger der öffentlichen Jugendhilfe und die Tätigkeit der Jugendämter unterliegen zwar keiner Fachaufsicht (siehe 3.3), wohl aber einer Rechtsaufsicht. Diese wird von den nach Landesrecht zuständigen Kommunalaufsichtsbehörden wahrgenommen, in der Regel den Regierungspräsidien. Deren Kontrolltätigkeit erstreckt sich allerdings nur auf eine Prüfung insoweit, ob die JÄer gegen Bestimmungen des SGB VIII oder anderer Gesetze verstoßen oder diese gar nicht angewendet haben.

Im vorliegenden Fall ist es so, dass das JA in X überhaupt keine Jugendarbeit durchführt bzw. keine entsprechenden Aktivitäten von Trägern der freien Jugendhilfe fördert. Dies ist ein eklatanter Verstoß gegen § 11 Abs. 1, denn danach sind jungen Menschen Angebote der Jugendarbeit zur Förderung von deren Entwicklung zur Verfügung zu stellen. Auch wenn § 11 Abs. 1 hinsichtlich der „Angebote der Jugendarbeit" denkbar unpräzise formuliert ist, ist dennoch eines klar: Überhaupt keine Jugendarbeit anzubieten, verstößt gegen § 11 Abs. 1.

Des Weiteren haben die Träger der öffentlichen Kinder- und Jugendhilfe gemäß § 79 Abs. 2 Satz 2 von den für die Jugendhilfe (insgesamt) bereitgestellten Mitteln einen angemessenen Anteil für die Jugendarbeit zu verwenden. Da hier überhaupt keine Mittel für die Jugendarbeit bereitgestellt werden, liegt auch darin ein klarer Rechtsverstoß. Die Kommunalaufsichtsbehörde kann deshalb das „Nichtstun" der Stadt X beanstanden und sie ggf. sogar zwingen, im Bereich der Jugendarbeit Aktivitäten zu entfalten. A und B können deshalb ein entsprechendes Tätigwerden der Kommunalaufsichtsbehörde anregen, haben allerdings keinen Rechtsanspruch auf Tätigwerden derselben.

4. Darüber hinaus können sie sich z. B. an den Oberbürgermeister und an die Fraktionen im Stadtrat/in der Stadtverordnetenversammlung wenden oder – was oft am wirkungsvollsten ist – an die örtliche Presse, damit „politischer Druck" ausgeübt werden kann. Auch insoweit können A, B und deren Eltern aber nichts „erzwingen".

Lösung Fall 4: Alleinerziehende junge Mutter

Sachlich zuständig für die Gewährung von Leistungen nach §§ 16 bis 21 für K ist gemäß § 85 Abs. 1 i. V. m. § 69 Abs. 1, 3 das JA.

1. Fraglich ist, ob K bereits vor und sodann nach der Geburt ihres Kindes in einer geeigneten Mutter-Kind-Einrichtung oder in einer sonstigen geeigneten Wohnform gemäß § 19 Abs. 1 Satz 1, 3 untergebracht werden könnte. K ist schwanger, und ab der Geburt sorgt sie tatsächlich für ihr Kind, auch wenn ihr Sorgerecht nach den Bestimmungen des BGB zunächst ruht. Mit dem neugeborenen Kind kann sie nicht allein in ihrem Zimmer bleiben und zugleich nach einiger Zeit ihre Berufsausbildung fortsetzen. Eine Rückkehr zu ihren Eltern kommt nach dem Sachverhalt auch nicht in Betracht. Da sie zudem in ihrer Persönlichkeitsentwicklung noch nicht gefestigt ist, bedarf sie einer Unterstützung gemäß § 19 Abs. 1 und 2, im vorliegenden Fall auch bereits vor der Geburt (§ 19 Abs. 1 Satz 3).

Das JA („soll") ist deshalb grundsätzlich zur Gewährleistung einer solchen Betreuung verpflichtet. Strittig ist, ob damit auch ein subjektiver (Regel-)Rechtsanspruch korrespondiert (vgl. dazu 3.2).

- § 19 enthält eine klare objektiv-rechtliche Verpflichtung.
- § 19 ist tatbestandlich ausreichend präzise formuliert (strittig).
- Der Adressatenkreis – Alleinerziehende mit einem Kind unter sechs Jahren bzw. Schwangere – ist ebenfalls hinreichend präzise bestimmt.
- Und § 19 dient nicht nur öffentlichen Interessen, sondern erkennbar gerade denen von Alleinerziehenden mit entsprechender Persönlichkeitsentwicklung und ihren Kindern.

K hat deshalb auch einen entsprechenden subjektiven Regel-Rechtsanspruch auf eine Leistung nach § 19 (strittig).

2. Außerdem hat K gemäß § 18 Abs. 1 einen expliziten Rechtsanspruch auf Beratung und Unterstützung bei der Ausübung der Personensorge einschließlich der Geltendmachung von Unterhaltsansprüchen ihres Kindes (Nr. 1) sowie bei der Geltendmachung eigener Unterhaltsansprüche nach § 1615 I BGB (Nr. 2). Schließlich hat A gemäß § 18 Abs. 2 einen weiteren expliziten Rechtsanspruch auf Beratung über die Abgabe von eventuellen Sorgeerklärungen. (Hinweis auf die – hier nicht zu erwähnenden – §§ 52a und 55 sowie §§ 1712 ff BGB – Beistandschaft!)

Lösung Fall 5: Ablehnung der Teilnahme an einer Maßnahme der Jugendarbeit

Um sein Begehren (Teilnahme an der Freizeitmaßnahme) durchzusetzen, müsste J, vertreten durch die/den Personensorgeberechtigten, förmlich Widerspruch (nach den §§ 68 ff VwGO) einlegen. Der Widerspruch müsste zulässig, also von der Verfahrensart her statthaft (siehe 1.), und zudem (materiell-rechtlich) begründet sein (siehe 2.).

1. Zulässigkeit des Widerspruchs

1.1 Zunächst müsste es sich bei dem ablehnenden Bescheid des JA um einen Verwaltungsakt im Sinne von § 31 Satz 1 SGB X handeln. Dies ist hier der Fall, weil alle dort bezeichneten fünf Merkmale eines Verwaltungsaktes vorliegen. Es handelt sich nämlich um

- eine hoheitliche Maßnahme einer Behörde (des JA),
- auf dem Gebiete des öffentlichen Rechts (nämlich des SGB VIII),
- zur Regelung (also: zur verbindlichen Entscheidung),
- eines Einzelfalles,
- mit unmittelbarer Rechtswirkung nach außen (hier: gegenüber J; und nicht nur nach „innen", z. B. gegenüber einer Mitarbeiterin des JA).

1.2 J müsste darüber hinaus „beschwert", also (selbst!) möglicherweise in eigenen Rechten betroffen sein. Dies ist der Fall, da er möglicherweise einen Rechtsanspruch auf Teilnahme an der Ferienmaßnahme haben könnte.

1.3 Schließlich müsste J den Widerspruch formgerecht (schriftlich oder zur Niederschrift beim JA) und

1.4 fristgerecht (innerhalb eines Monats nach Zugang) sowie

1.5 bei der zuständigen Behörde (hier: beim JA) einlegen.

Da alle diese Voraussetzungen erfüllt sind bzw. unschwer erfüllt werden können, ist der Widerspruch zulässig.

2. Begründetheit des Widerspruchs

Entscheidend ist für J jedoch, dass der Widerspruch auch materiell-rechtlich (in der Sache) begründet wäre. Dies wäre der Fall, wenn der Ablehnungsbescheid rechtswidrig oder unzweckmäßig wäre.

2.1 Zunächst einmal war das JA unproblematisch sachlich zuständig nach § 85 Abs. 1 i. V. m. § 69 Abs. 1 und 3. Verfahrensfehler des JA sind nicht ersichtlich.

2.2 Die nunmehr vorzunehmende materiell-rechtliche Prüfung der Ablehnung misst sich an § 11 Abs. 1 Satz 1: „Jungen Menschen sind die zur Förderung ihrer Entwicklung erforderlichen Angebote der Jugendarbeit zur Verfügung zu stellen." Von einem ausdrücklichen Rechtsanspruch ist dabei nicht die Rede. Die Annahme eines Rechtsanspruchs aufgrund einer Interpretation von § 11 Abs. 1 Satz 1 (3.2 im Textteil des Buches) setzt Folgendes voraus:

- Die Norm müsste eine objektive Verpflichtung des Trägers der öffentlichen Jugendhilfe enthalten. Dies ist der Fall.
- Der Tatbestand dieser Norm müsste hinreichend präzise formuliert sein. Dies ist nicht der Fall, denn die Norm ist denkbar ungenau formuliert.
- Des Weiteren müssten die Normadressaten zumindest individualisierbar sein. Auch dies ist nicht der Fall, denn § 11 Abs. 1 Satz 1 richtet sich an einen großen, nicht abgegrenzten Adressatenkreis („junge Menschen").

J hat deshalb keinen subjektiven Rechtsanspruch auf Teilnahme an einer bestimmten, nämlich der hier in Rede stehenden Maßnahme, so dass der Ablehnungsbescheid insoweit nicht rechtswidrig war.

Die rein objektiv-rechtliche Verpflichtung des Trägers der öffentlichen Jugendhilfe nach § 11 Abs. 1 Satz 1 eröffnet zudem erhebliche Entscheidungsspielräume, welche Maßnahmen der Jugendarbeit angeboten oder gefördert werden und nach welchen Kriterien dabei über die Teilnahme entschieden wird. Im vorliegenden Fall war das einzige Entscheidungskriterium die Reihenfolge der Antragseingänge beim JA. Dies ist weder willkürlich noch unzweckmäßig, sondern „formal gerecht" und einfach zu handhaben. Andere Verfahren wären erheblich verwaltungsaufwändiger. Jedenfalls ist das gewählte Auswahlverfahren nicht willkürlich.

Im Ergebnis war die Entscheidung des JA mithin rechtmäßig und auch nicht zweckwidrig, so dass Js Widerspruch unbegründet wäre. Auch ein eventuelles verwaltungsgerichtliches Verfahren wäre aus denselben Gründen aussichtslos.

Lösung Fall 6: Kinderhorte

1.1 Nein. § 24 Abs. 2 enthält lediglich eine objektiv-rechtliche Mussverpflichtung des Trägers der öffentlichen Jugendhilfe, in bedarfsgerechtem Umfang für Kinder im schulpflichtigen Alter Plätze in Tageseinrichtungen und in Kindertagespflege vorzuhalten. Die Annahme eines Rechtsanspruchs durch Interpretation (vgl. 3.2) scheidet aus, da der Gesetzgeber wiederholt und unmissverständlich zum Ausdruck gebracht hat, dass es (bis auf Weiteres) nur einen Rechtsanspruch auf einen Kindergartenplatz (nach § 24 Abs. 1 Satz 1) gibt und geben soll.

1.2 Dies käme nur dann in Betracht, wenn man es im Falle der Bejahung eines Rechtsanspruchs auf Hilfe zur Erziehung bei einem Erziehungsdefizit gemäß § 27 Abs. 1 für rechtlich vertretbar erachtete, Hilfe zur Erziehung auch in Form der Förderung in einem Hort zu gewähren. Denn § 27 Abs. 2 Satz 1 spricht bei der Art der Gewährung von Hilfe zur Erziehung von „insbesondere" nach Maßgabe der §§ 28 bis 35. Eine solche Auffassung ist jedoch nicht überzeugend, weil es sonst möglich wäre, über das Wort „insbesondere" gleichsam allen Aufgaben der Kinder- und Jugendhilfe nach dem SGB VIII, oft entgegen dem Willen des Gesetzgebers, einen Rechtsanspruch zuzuordnen. Für die Begründung von Rechtsansprüchen gelten vielmehr die Ausführungen im Kapitel 3.2. Auch Frage 1.2 ist deshalb mit „nein" zu beantworten.

1.3 Es gelten die Ausführungen in Kapitel 3.4. Die genannten Rechtsbeziehungen werden durch zivilrechtliche Verträge geregelt.

1.4 Gemäß § 3 Abs. 1 ist die Jugendhilfe gekennzeichnet durch die Vielfalt von Trägern mit unterschiedlichen Wertorientierungen und die Vielfalt von Inhalten, Methoden und Arbeitsformen. Außerdem hat die öffentliche Jugendhilfe gemäß § 4 Abs. 1 Satz 2 die Selbstständigkeit der freien Jugendhilfe in Zielsetzung und Durchführung ihrer Aufgaben sowie in der Gestaltung ihrer Organisationsstruktur zu achten. Daraus folgt, dass die Träger der freien Jugendhilfe auch im Hortbereich frei über die Aufnahme von Kindern entscheiden können. In der Praxis vereinbaren sie allerdings häufig mit den Trägern der öffentlichen Jugendhilfe „freiwillig" bestimmte Aufnahmequoten mit Blick auf bestimmte Gruppen von Kindern.

2.1 Aus denselben Gründen entscheidet auch allein der jeweilige Träger der freien Jugendhilfe über die pädagogische Konzeption, wobei in der Praxis häufig Empfehlungen oder Leitlinien etwa der Spitzenverbände der freien Wohlfahrtspflege oder der Kirchen eine wichtige Rolle spielen. Der Träger der freien Jugendhilfe entscheidet auch über die Wahrnehmung der Aufsichtspflicht, die er durch den Aufnahmevertrag gemäß § 832 Abs. 2 BGB von den Eltern übernommen hat.

2.2 Die „Aufsichtspflicht" ist nicht Regelungsgegenstand des SGB VIII und wird auch in den relevanten Paragrafen des Zivilrechts, insbesondere in § 832 BGB, nicht näher definiert, sondern nur benannt („Führung der Aufsicht"), also gleichsam vorausgesetzt. Von daher hat sich hierzu eine detaillierte Rechtsprechung entwickelt. Grob gesagt sind die Anforderungen an die Aufsichtspflicht umso höher, je jünger und unerfahrener die Kinder sind, je gefährlicher die jeweilige Tätigkeit und je größer deshalb das Risiko ist, zu Schaden zu kommen. Hier kommt es deshalb darauf an, wie vertraut den Kindern die jeweilige Umgebung und wie gefährlich die konkrete Situation ist. Das unbeaufsichtigte Basteln von Schulkindern mit ungefährlichem Werkzeug ist tendenziell unproblematisch, das alleinige Spielen älterer Kinder auf einem bekannten Spielplatz grundsätzlich auch, der Aufenthalt von Kindern in der Stadt ohne Begleitung nicht.

3. Gemäß § 90 Abs. 1 Satz 1 Nr. 3 i. V. m. Satz 2 kann Landesrecht eine Staffelung der Teilnahmebeiträge und Kostenbeiträge für die Inanspruchnahme von Tageseinrichtungen nach Einkommensgruppen, Kinderzahl oder der Zahl der Familienangehörigen vorsehen. Und gemäß § 90 Abs. 3 Satz 1 können ggf. Teilnahmebeiträge oder Kostenbeiträge auf Antrag ganz oder teilweise erlassen oder vom Träger der öffentlichen Jugendhilfe übernommen werden.

4. Fragen der pädagogischen Konzeption des Hortes sind fachlicher, nicht rechtlicher Natur. Da die Träger der öffentlichen Jugendhilfe mit ihren Einrichtungen die Aufgaben der Kinder- und Jugendhilfe als Selbstverwaltungsangelegenheit wahrnehmen, unterliegen sie dabei allein einer Rechts- und nicht einer Fachaufsicht (siehe 3.3). Deshalb ist eine Mängelrüge durch die Kommunalaufsichtsbehörde als Rechtsaufsichtsbehörde unzulässig. Erst recht gilt dies mit Blick auf Träger der freien Jugendhilfe, die überhaupt keiner staatlichen Aufsicht unterliegen, sondern im Rahmen von § 4 Abs. 1 Satz 2 die hier in Rede stehenden Aufgaben selbstständig und unabhängig wahrnehmen.

Lösung Fall 7: Hilfe für Franz

(vgl. Prüfschema Fall 1!)

I Sachliche Zuständigkeit

In Betracht kommt hier nur Hilfe zur Erziehung. Diese stellt eine Leistung nach „diesem Buch" im Sinne von § 85 Abs. 1 dar, für die nach der genannten Gesetzesbestimmung der örtliche Träger der öffentlichen Jugendhilfe zuständig ist, weil keine Zuständigkeit des überörtlichen Trägers nach § 85

Abs. 2 Nr. 1 bis 10 gegeben ist. Gemäß § 85 Abs. 1 i. V. m. § 69 Abs. 1 und 3 ist das JA sachlich zuständig. Das von Herrn Meyer angeschriebene Sozialamt ist nicht zuständig und hat die Angelegenheit (gemäß § 16 Abs. 2 Satz 1 SGB I) an das JA weiterzuleiten.

II Materiell-rechtliche Fragen

Gewährung von Hilfe zur Erziehung setzt voraus, dass die beiden Tatbestandsvoraussetzungen des § 27 Abs. 1 erfüllt sind:

- Erziehungsdefizit („eine dem Wohl des Kindes oder des Jugendlichen entsprechende Erziehung ist nicht gewährleistet")
- und die auszuwählende konkrete Hilfeart ist geeignet und notwendig.

1. Erziehungsdefizit: Ein Erziehungsdefizit muss entweder bereits bestehen oder zumindest konkret drohen. Dies ist in der Regel dann der Fall, wenn im Sinne von § 1 Abs. 1 die Entwicklung und Erziehung zu einer eigenverantwortlichen und gemeinschaftsfähigen Persönlichkeit zumindest gefährdet ist. Zu berücksichtigen sind dabei im konkreten Einzelfall u. a. Alter und Persönlichkeitsstruktur, bestehende Probleme, Einflüsse von Umwelt und Sozialisation. Nach dem Sachverhalt ist F häufig geistesabwesend, er kann sich nur schwer konzentrieren, isst schlecht und sieht krank aus. Damit ist eine seinem Wohl entsprechende Erziehung und Entwicklung zumindest gefährdet.

2. Geeignete und notwendige Hilfe: Nunmehr ist die für F geeignete und notwendige Hilfe auszuwählen. Gemäß § 27 Abs. 2 Satz 1 wird Hilfe zur Erziehung „insbesondere" nach Maßgabe der §§ 28 bis 35 gewährt. Die konkret auszuwählende Hilfe richtet sich nach dem erzieherischen Bedarf von F sowie den Ressourcen der Personensorgeberechtigten und des sozialen Umfeldes. Die auszuwählende Hilfe muss als solche zur Beseitigung der Gefahr bzw. des Defizits geeignet und nach dem Grundsatz der Verhältnismäßigkeit auch notwendig sein. Es wäre unzulässig, über das Erforderliche hinaus in Rechte der Personensorgeberechtigten einzugreifen.

Zunächst bietet es sich an zu prüfen, ob ein „Milieuwechsel" erforderlich ist oder nicht. Eine solche Situation ist hier offensichtlich nicht gegeben, so dass sich die weitere Prüfung auf die ambulanten Hilfen „insbesondere" nach den §§ 28 bis 30 beschränken kann.

3. Erziehungsberatung (§ 28): Diese Hilfeart erscheint hier als nicht geeignet, weil es nicht darum geht, erzieherisches Fehlverhalten aufzudecken und ggf. therapeutisch zu bearbeiten.

4. Soziale Gruppenarbeit (§ 29): Da hier nicht soziales Lernen im Vordergrund steht, kommt auch eine Hilfe nach § 29 nicht in Betracht.

5. Erziehungsbeistandschaft (§ 30): Da es sich hier bei F auch um Entwicklungsprobleme unter Einbeziehung des sozialen Umfeldes handelt, erscheint eine Erziehungsbeistandschaft auf den ersten Blick als geeignet. Bei näherer Betrachtung zeigt sich jedoch, dass es hier nicht zugleich um die Förderung der Verselbstständigung von F im Sinne von § 30, zweiter Halbsatz, geht. Denn davon kann bei F keine Rede sein.

6. Ambulante erzieherische Betreuung: Nach alledem kommen mithin weder Hilfen nach §§ 33 bis 35 (mangels der Notwendigkeit eines Milieuwechsels) noch solche nach §§ 28 bis 30 in Betracht. Sozialpädagogische Familienhilfe nach § 31 ist ohnehin nicht angezeigt. Für solche Fälle, wo keine der in den §§ 28 bis 35 beschriebenen Hilfearten „exakt passen", ist in der Praxis u. a. die so genannte ambulante erzieherische Betreuung entwickelt worden. Rechtsgrundlage dafür ist die Formulierung in § 27 Abs. 2 Satz 1: „insbesondere" nach Maßgabe der §§ 28 bis 35. Denn der Katalog der Hilfearten nach §§ 28 bis 35 ist gerade nicht abschließend. Eine Fachkraft des JA oder eines Trägers der freien Jugendhilfe könnte F in abzusprechenden Zeitabständen besuchen, mit ihm reden und ihn bei seiner Trauerarbeit und seinen Bewältigungsproblemen unterstützen. Eine ambulante erzieherische Betreuung wäre hier deshalb die geeignete und notwendige Hilfe im Sinne von § 27 Abs. 1.

III Antragstellung und Verfahren

1. Eine solche ambulante erzieherische Betreuung müsste von den Personensorgeberechtigten beantragt werden. Antragsberechtigt sind nach dem Sachverhalt beide (!) Eltern (gemäß § 1629 Abs. 1 Satz 1 BGB). Nach dem Sachverhalt bestehen auch keine Zweifel, dass die Eltern einen solchen Antrag stellen werden.

2. Das JA müsste gemäß § 36 Abs. 1 mit den Personensorgeberechtigten und Franz im Detail alles Notwendige besprechen. Gemäß § 36 Abs. 2 müsste bei längerer Dauer der Hilfe ein Hilfeplan aufgestellt werden.

Lösung Fall 8: Vollzeitpflege für Maria

1. In Betracht kommen Tages- oder Vollzeitpflege oder Förderung in einer Tageseinrichtung nach den §§ 23, 24 oder 33. In allen Fällen handelt es sich um Leistungen nach dem SGB VIII („nach diesem Buch") im Sinne von § 85 Abs. 1, im Hinblick auf welche mangels Vorliegen einer sachlichen Zuständigkeit des überörtlichen Trägers (vgl. § 85 Abs. 2 Nr. 1 bis 10) die sachliche Zuständigkeit des örtlichen Trägers der öffentlichen Jugendhilfe gegeben ist. Die sachliche Zuständigkeit des JA folgt aus § 85 Abs. 1 i. V. m. § 69

Abs. 1 und 3. Das LJA wird deshalb A über die Zuständigkeit des JA unterrichten und den Antrag dorthin (gemäß § 16 Abs. 2 Satz 1 SGB I) unverzüglich weiterleiten.

2. A könnte als Personensorgeberechtigte von M einen Rechtsanspruch auf Hilfe zur Erziehung in Form von Vollzeitpflege nach § 27 Abs. 1 i. V. m. § 33 haben. Dies setzt zunächst gem. § 27 Abs. 1 voraus, dass eine dem Wohl von M entsprechende Erziehung nicht gewährleistet wäre. Ein solches „Erziehungsdefizit" muss zumindest in der Weise konkret drohen, dass Ms Entwicklung zu einer eigenverantwortlichen und gemeinschaftsfähigen Persönlichkeit im Sinne von § 1 Abs. 1 gefährdet wäre. Ein einjähriges Kind benötigt in besonderer Weise Liebe, Zuwendung und permanente Betreuung und Versorgung. Daran mangelt es bereits im vorliegenden Fall – erst recht dann, wenn A arbeiten und die Wochenenden mit Freunden verbringen würde. Ein Erziehungsdefizit droht zumindest konkret.

Vollzeitpflege müsste des Weiteren gemäß § 27 Abs. 1, Abs. 2 Satz 1 i. V. m. § 33 die geeignete und notwendige Hilfe zur Erziehung darstellen. An der „Eignung" von Hilfe zur Erziehung in Form der Vollzeitpflege zur Abwendung des drohenden Erziehungsdefizits dürften keine Zweifel bestehen. Die Frage ist allerdings, ob Vollzeitpflege in diesem Sinne auch „notwendig" ist.

Dies wäre nicht der Fall, wenn Kindertagespflege nach § 23 oder Förderung in einer Tageseinrichtung für Kinder unter drei Jahren nach § 24 Abs. 2 ausreichend wäre und tatsächlich zur Verfügung stünde. Entsprechende Angebote sind gemäß § 24 Abs. 3 Satz 1 Nr. 1 durch den Träger der öffentlichen Jugendhilfe zwingend zumindest für Personen vorzuhalten, die – wie A – eine Erwerbstätigkeit aufnehmen wollen. Eine solche Maßnahme bietet sich gerade für junge Mütter wie A an! Nach dem Sachverhalt ist allerdings davon auszugehen, dass Angebote nach § 23, 24 hier nicht ausreichen, weil A ihre Tochter M auch außerhalb der üblichen Betreuungszeiten nicht versorgen möchte, da sie die Tochter ablehnt und als lästig empfindet. Leistungen nach §§ 23, 24 reichen mithin nicht aus.

Deshalb hat A einen Rechtsanspruch auf Hilfe zur Erziehung in Form der Vollzeitpflege nach § 27 Abs. 1 i. V. m. § 33. Die weitere Entwicklung wird zeigen müssen, ob zeitlich befristet oder auf Dauer angelegt (vgl. § 33 Satz 1).

3. A hat bereits den erforderlichen Antrag auf Hilfe zur Erziehung gestellt. Alle tatsächlichen Umstände sind vom zuständigen JA mit A im Einzelnen zu erörtern (§ 36 Abs. 1). Es ist vor und während einer langfristig zu leistenden Hilfe außerhalb der eigenen Familie auch gemäß § 36 Abs. 1 Satz 2 zu prüfen, ob eine Annahme als Kind in Betracht kommt. Vor der Entscheidung über eine längerfristige Hilfe ist im Zusammenwirken mehrerer Fachkräfte gemäß § 36 Abs. 2 ein Hilfeplan aufzustellen. Zu gegebener Zeit sind die Vorschriften des § 37 über die Mitwirkungspflichten der Pflegeperson zu beachten.

4. Die Großeltern von M würden diese gerne bei sich aufnehmen und pflegen. In § 27 Abs. 2a ist eindeutig klargestellt, dass der Anspruch auf Hilfe zur Erziehung nicht allein dadurch entfällt, dass andere unterhaltspflichtige Personen (hier: die Großeltern) bereit sind, diese Aufgabe zu übernehmen. Danach ist Hilfe zur Erziehung in Form der Vollzeitpflege für M auch bei den Großeltern möglich.

5. Grundsätzlich bedarf eine Pflegeperson bei Vollzeitpflege einer Pflegeerlaubnis nach § 44 Abs. 1 Satz 1. In diesem Fall jedoch nach § 44 Abs. 1 Satz 2 Nr. 3 nicht, da M mit ihren Großeltern bis zum dritten Grade (hier: im zweiten Grade) verwandt ist.

6. Ein Besuchsrecht (Umgangsrecht) steht A als der Personensorgeberechtigten grundsätzlich uneingeschränkt weiterhin zu (vgl. § 1684 Abs. 1 BGB).

7. Die Großeltern sind gem. § 1688 Abs. 1 Satz 1 BGB berechtigt, in Angelegenheiten des täglichen Lebens zu entscheiden.

Lösung Fall 9: Harald auf der Straße

1. Das JA ist sachlich zuständig gemäß § 85 Abs. 1 i. V. m. § 69 Abs. 1 und 3.

2. Gemäß § 41 Abs. 1 Satz 1 soll einem jungen Volljährigen Hilfe für die Persönlichkeitsentwicklung und zu einer eigenverantwortlichen Lebensführung gewährt werden, wenn und so lange die Hilfe aufgrund der individuellen Situation des jungen Menschen notwendig ist. Diese Voraussetzungen sind nach dem Sachverhalt gegeben. Die Hilfe nach § 41 „soll" auch jungen Menschen gewährt werden, die bereits volljährig sind. Weil hier keine atypische Ausnahmesituation erkennbar ist, beinhaltet diese klare objektiv-rechtliche Sollbestimmung eine entsprechende Verpflichtung des JA zur Hilfegewährung nach § 41 Abs. 1 Satz 1. Da zudem § 41 einen präzise formulierten Tatbestand enthält und erkennbar den Interessen von H zu dienen bestimmt ist, wird in Rechtsprechung und Literatur durchweg und zu Recht die Auffassung vertreten, dass damit auch ein subjektiver Rechtsanspruch (von H) korrespondiert.

3. Ein solcher Rechtsanspruch ist auch verwaltungsgerichtlich einklagbar. Zunächst muss H jedoch ein Widerspruchsverfahren nach §§ 68 ff VwGO anstrengen (vgl. Fall 5). Der Widerspruch wäre auch zulässig und begründet (vgl. ebenfalls Fall 5).

4. Ein von S eingelegter Widerspruch wäre jedoch unzulässig, weil S nicht selbst „beschwert" wäre (vgl. auch dazu Fall 5).

5. Die Frage, ob die so genannte „Selbstbeschaffung" einer Jugendhilfeleistung rechtlich zulässig ist oder nicht, war lange umstritten. In § 36a Abs. 1

Satz 1 ist nunmehr jedoch eindeutig geregelt, dass der Träger der öffentlichen Jugendhilfe die Kosten für eine Hilfe zur Erziehung grundsätzlich nur dann trägt, wenn diese auf der Grundlage seiner Entscheidung erbracht wird. Es ist nicht ersichtlich, warum § 36a nicht auch im Bereich von Hilfen für junge Volljährige Anwendung finden sollte, auch wenn er in (dem vor Inkrafttreten von § 36a formulierten!) § 41 Abs. 2 nicht explizit genannt wird. Frage 5 ist deshalb zu verneinen.

Lösung Fall 10: Jürgen muss ins Heim

1. Das JA ist sachlich zuständig gemäß § 85 Abs. 1 i. V. m. § 69 Abs. 1, 3.

2. In Betracht kommt Hilfe zur Erziehung nach §§ 27 ff. Nach dem Sachverhalt ist ein Erziehungsdefizit bereits eingetreten (Verhaltensauffälligkeiten). Und ein Milieuwechsel erscheint mit Blick auf die häusliche Situation und das Verhalten von A (Vernachlässigung von J) unumgänglich, so dass Maßnahmen nach §§ 28 bis 32 nicht ausreichend und damit geeignet wären, das Erziehungsdefizit zu beseitigen. Notwendig ist vielmehr aufgrund eines Milieuwechsels eine Hilfe zur Erziehung außerhalb der eigenen Familie, und zwar in Form der Vollzeitpflege nach § 33 oder der Heimerziehung nach § 34. Hilfe zur Erziehung nach § 35 kommt bei dem 12-jährigen J nicht in Betracht.

3. Es sind die Verfahrensbestimmungen nach § 36 Abs. 1 (insbesondere Kooperation mit Mutter und Kind) und nach § 36 Abs. 2 (u. a. Hilfeplanverfahren) zu beachten. Außerdem müsste A als Personensorgeberechtigte Antrag auf Hilfe zur Erziehung nach §§ 27 ff stellen.

4. In diesem Fall müsste das JA gemäß § 8a Abs. 3 Satz 1 das Familiengericht anrufen mit dem Ziel, die elterlichen Sorgerechte ganz oder teilweise zu entziehen und auf das JA als Vormund oder Pfleger zu übertragen. Das Familiengericht muss hier nach §§ 1666 ff BGB tätig werden. Vermutlich reicht es aus, A seitens des Familiengerichts das Aufenthaltsbestimmungsrecht und das Antragsrecht nach §§ 27 ff zu entziehen und auf einen Pfleger (zumeist einer Fachkraft des JA) zu übertragen, damit von dort aus die Heimunterbringung von J in die Wege geleitet wird.

5. In diesem Fall besteht eine dringende Gefahr für das Wohl von J, so dass eine Entscheidung des Familiengerichts nach §§ 1666 ff BGB nicht abgewartet werden kann. Das JA ist deshalb gemäß § 8a Abs. 3 Satz 2 verpflichtet, J (vorläufig) in Obhut zu nehmen. Einzelheiten der Inobhutnahme sind in § 42 Abs. 1 Satz 2, Abs. 3 bis 5 geregelt.

Lösung Fall 11: Vormundschaft für Klara

1. Im vorliegenden Fall ruht die elterliche Sorge einschließlich des gesetzlichen Vertretungsrechts der Minderjährigen M (nach §§ 1673 Abs. 2 Satz 1, 1675 BGB). Da V (noch) nicht rechtlich Vater von K ist und zudem M und V nicht miteinander verheiratet sind, hätte K keinen gesetzlichen Vertreter. Deshalb bedarf es eines Vormundes (§ 1773 Abs. 1 BGB). Im vorliegenden Fall wird das JA kraft Gesetzes gemäß § 1791c Abs. 1 Satz 1 BGB gesetzlicher Amtsvormund für K.

Das JA hat im Bereich des Vormundschaftswesens umfangreiche Aufgaben. Insbesondere hat es gemäß § 55 Abs. 1 die Amtsvormundschaft für K nach den Regelungen des BGB zu führen und dabei an Stelle der Eltern die Aufgaben der Personen- und Vermögenssorge für K, einschließlich der gesetzlichen Vertretung, wahrzunehmen.

2. In diesem Fall bedarf K wiederum eines Vormundes (gemäß § 1773 Abs. 1 BGB). Für die notwendige Bestellung des Vormunds durch das Vormundschaftsgericht gilt die grundsätzliche Reihenfolge: Einzelvormund, Vereinsvormund, Amtsvormundschaft des JA.

3. Siehe 2.

4. Nein, denn für die Wahrnehmung der Aufgaben zum Schutz von Kindern und Jugendlichen in Einrichtungen nach §§ 45 bis 49 ist nicht das JA zuständige Behörde, sondern gemäß § 85 Abs. 2 Nr. 6 das LJA. Dieses soll allerdings gemäß § 46 Abs. 1 Satz 3 das JA an der Überprüfung nach § 46 beteiligen.

Lösung Fall 12: Vielerlei Jugendbehörden

1. In Deutschland gibt es ca. 600 JÄer, 17 LJÄer (Münder et al. 2006, § 69 Rdnr. 2), in jedem Bundesland eine oder mehrere oberste Landesjugendbehörde(n) nach § 82 und eine oberste Bundesbehörde im Bereich der Bundesregierung nach § 83. (Darüber hinaus können kreisangehörige Gemeinden und deren Behörden Aufgaben der Kinder- und Jugendhilfe wahrnehmen; auf diese wird im Folgenden nicht weiter eingegangen.)

2. Die für die Praxis mit Abstand wichtigsten Jugendbehörden sind die JÄer nach § 69 Abs. 3. Gemäß § 85 Abs. 1 i. V. m. § 69 Abs. 1 und 3 sind diese grundsätzlich „allzuständig" für die Gewährung von Leistungen und die Erfüllung anderer Aufgaben „nach diesem Buch" (also: dem SGB VIII), soweit nicht nach § 85 Abs. 2 Nr. 1 bis 10 i. V. m. § 69 Abs. 1 und 3 (ausnahmsweise) die LJÄer sachlich zuständig sind. Letztere nehmen also im Wesentlichen (abgesehen von Einzelaufgaben nach § 85 Abs. 2 Nr. 6, 9 und 10) Aufgaben von überörtlicher Bedeutung wahr, zumeist Beratungs-, Förderungs- Koordinations-, Planungs- und Fortbildungsaufgaben.

Die obersten Landesjugendbehörden (Jugendministerien der Länder) erfüllen gemäß § 82 auf Landesebene Aufgaben im Bereich der Vorbereitung von Landesgesetzen, -verordnungen und Verwaltungsvorschriften und fördern die (Weiterentwicklung der) Kinder- und Jugendhilfe im jeweiligen Bundesland. In ähnlicher Weise nimmt die oberste Bundesbehörde (im Bereich der Bundesregierung) gemäß § 83 Aufgaben der Gesetzgebungsvorbereitung, der Anregung und Förderung der Kinder- und Jugendhilfe auf nationaler und internationaler Ebene, der Förderung von Bundesverbänden und der Förderung von Forschung und von Modellversuchen wahr.

3. Nein! Rechtlich selbstständig handeln und ggf. verklagt werden können nur die Rechtsträger der Jugendbehörden. Dies sind die örtlichen sowie die überörtlichen Träger der öffentlichen Jugendhilfe gemäß § 69 Abs. 1 nach Landesrecht.

4. Zu unterscheiden ist zwischen der Fach- und der Rechtsaufsicht (siehe 3.3 sowie Fall 3). Die (Träger der) JÄer unterliegen im Bereich der kommunalen Selbstverwaltung keiner Fach-, sondern lediglich einer Rechtsaufsicht durch die zuständigen Kommunalaufsichts- als Rechtsaufsichtsbehörden. Die JÄer unterliegen auch keiner Aufsicht durch die LJÄer, die (lediglich) separate Aufgaben nach § 85 Abs. 2 wahrnehmen.

Die LJÄer sind in der Regel staatliche Landes(ober)behörden und unterliegen insoweit einer Fach- und einer Rechtsaufsicht (!) durch die obersten Landesjugendbehörden. Die obersten Landes- und Bundesbehörden wiederum unterliegen keinerlei Rechts- und auch keinerlei Fachaufsicht, weil es „oberhalb" von Ihnen keine Behörden (mehr) gibt!

5. Gemäß § 69 Abs. 3 muss jeder örtliche Träger der öffentlichen Jugendhilfe ein JA und muss jeder überörtliche Träger ein LJA errichten. Wer (örtlicher und überörtlicher) Träger der öffentlichen Jugendhilfe ist, wird gemäß § 69 Abs. 1 durch Landesrecht bestimmt. Örtliche Träger sind zumeist die Kreise und kreisfreien Städte sowie ggf. auch kreisangehörige Gemeinden. Überörtliche Träger sind die Länder fast durchweg selbst (Ausnahmen: höhere Kommunalverbände in Baden-Württemberg und Nordrhein-Westfalen).

6. „Zweigliedrigkeit" – ein Unikat in der deutschen Verwaltung – bedeutet, dass das JA und das LJA aus je zwei „Teilen" bestehen: das JA aus dem JHA und der Verwaltung des JA (§ 70 Abs. 1 und 2) und das LJA aus dem LJHA und der Verwaltung des LJA (§ 70 Abs. 3). Deren Aufgaben ergeben sich im Einzelnen aus § 70 Abs. 2 und 3 und § 71 Abs. 2, 3 und 5 nebst ergänzendem Landesrecht.

172 Anhang

7. Solche Entscheidungen wären wegen Verstoßes gegen die funktionelle (jugendamtsinterne) Zuständigkeit rechtswidrig, weil sie gemäß § 71 Abs. 2 Nr. 2 und 3 (auch) Angelegenheit des JHA und nicht (allein) der Verwaltung des JA sind.

Lösung Fall 13: Anerkennung und Förderung von Trägern der freien Jugendhilfe

1. Die Anerkennung von Trägern der freien Jugendhilfe nach § 75 ist keine „Leistung" oder „andere Aufgabe" nach § 85 Abs. 1. Die Frage der sachlichen Zuständigkeit dafür ist deshalb nicht in § 85 oder an anderer Stelle im SGB VIII, sondern im jeweiligen Landesausführungsgesetz zum SGB VIII geregelt. Sachlich zuständig für die Anerkennung ist in den meisten Bundesländern – weil die KJH in acht JÄern tätig ist – das LJA, an den das JA den Antrag zu Recht (gemäß § 16 Abs. 2 Satz 1 SGB I) weitergeleitet hat.

2. Es kommt darauf an, ob die Ablehnung der Anerkennung zu Recht auf der Grundlage von § 75 erfolgt ist. Da es sich bei der KJH nicht um einen Träger nach § 75 Abs. 3 handelt und die KJH auch noch nicht drei Jahre lang tätig ist (vgl. § 75 Abs. 2), richtet sich die Anerkennung allein nach § 75 Abs. 1. Danach „können" juristische Personen – wie die KJH als eingetragener Verein (e. V.) – oder Personenvereinigungen als Träger der freien Jugendhilfe anerkannt werden, wenn sie alle Voraussetzungen nach § 75 Abs. 1 Nr. 1 bis 4 erfüllen.

- Sie müssen gemäß Nr. 1 auf dem Gebiet der Jugendhilfe im Sinne von § 1 tätig sein. Dies ist nach dem Sachverhalt der Fall, denn die KJH unterbreitet Angebote der Jugendarbeit nach § 11.
- Sie müssen gemeinnützige – und nicht eigennützige – Ziele verfolgen (Nr. 2). Davon ist hier ebenfalls auszugehen.
- Gemäß Nr. 3 müssen sie des Weiteren aufgrund der fachlichen und personellen Voraussetzungen erwarten lassen, dass sie einen nicht unwesentlichen Beitrag zur Erfüllung der Aufgaben der Jugendhilfe zu leisten im Stande sind. Dabei sind allerdings bei „neuen" Trägern keine überspannten Erwartungen zu stellen, da es sonst nur selten zu deren Anerkennung kommen dürfte, obwohl die Träger der öffentlichen Jugendhilfe die „freiwillige Tätigkeit auf dem Gebiet der Jugendhilfe" ja gemäß § 74 Abs. 1 Satz 1 gerade anregen und fördern sollen. Daher kann davon ausgegangen werden, dass auch die Voraussetzungen nach Nr. 3 erfüllt werden können.
- Schließlich müssen Träger der freien Jugendhilfe gemäß Nr. 4 „die Gewähr für eine den Zielen des Grundgesetzes förderliche Arbeit bieten". Ziele des Grundgesetzes sind u. a. die Menschenwürde, die freie Entfal-

tung der Persönlichkeit und die Erhaltung der verfassungsmäßigen Ordnung in Deutschland, u. a. mit den Verfassungsorganen Bundestag und Bundesrat. Eine „Diktatur des Proletariats" würde dem fundamental zuwiderlaufen und wäre nicht mit der verfassungsmäßigen Ordnung und den Zielen des Grundgesetzes kompatibel. Darüber hinaus ist die Tätigkeit der KJH auf jeden Fall nicht im Sinne von Nr. 4 als „förderlich" anzusehen. Nach alledem war die Ablehnung der Anerkennung durch das LJA rechtmäßig.

3. Der Verein könnte dagegen, da die ablehnende Entscheidung einen Verwaltungsakt darstellt, Widerspruch einlegen. Dieser wäre hier zwar zulässig, aber nach den Ausführungen unter 2. unbegründet (siehe dazu auch Fall 5).

4. Da es hier um die Förderung von Maßnahmen der Jugendarbeit nach § 11 geht, war das JA sachlich zuständig gemäß § 85 Abs. 1 i. V. m. § 69 Abs. 1 und 3.

5. Rechtlicher Maßstab für die Beurteilung der ablehnenden Entscheidung des JA ist hier § 74 Abs. 1 und 3. Es ist strittig, ob ein Rechtsanspruch (dem Grunde nach) von Trägern der freien Jugendhilfe auf Förderung nach § 74 Abs. 1 besteht, selbst wenn alle Voraussetzungen nach § 74 Abs. 1 Satz 1, 2. Halbsatz Nrn. 1 bis 5 erfüllt sind. Unbeschadet dessen entscheidet der Träger der öffentlichen Jugendhilfe gemäß § 74 Abs. 3 Satz 1 „über die Art und Höhe der Förderung ... im Rahmen der verfügbaren Haushaltsmittel nach pflichtgemäßem Ermessen". Träger der freien Jugendhilfe haben hier also eine rechtlich relativ schwache Position und können aufgrund der Ermessensvorschrift von § 74 Abs. 3 in den meisten Fällen keine positive Förderentscheidung „erzwingen". So ist es auch hier, da kein Ermessensfehler und kein Fall willkürlichen Handelns des JA erkennbar sind.

6. Ein Widerspruch der AWO gegen die durch Verwaltungsakt erfolgte ablehnende Förderentscheidung wäre hier zwar zulässig, jedoch unbegründet (siehe Fall 5). Dasselbe gilt mit Blick auf eine eventuelle Klage vor dem Verwaltungsgericht.

Lösung Fall 14: Zuständigkeit und Kostenbeiträge für Anton

1. Sachlich zuständig ist das JA als örtlicher Träger der öffentlichen Jugendhilfe gemäß § 85 Abs. 1 i. V. m. § 69 Abs. 1, 3.

2. Örtlich zuständig gemäß § 86 Abs. 1 Satz 1 ist der Träger der öffentlichen Jugendhilfe in Y bis Ende Juli, weil bis dahin As Eltern dort ihren „gewöhnlichen Aufenthalt" hatten. Ab dem 1.8. ist dementsprechend grundsätzlich der örtliche Träger in Z örtlich zuständig. Allerdings bleibt gemäß § 86c Satz 1 der bisher zuständige Träger der öffentlichen Jugendhilfe in Y noch so lange örtlich zuständig, bis der nunmehr zuständige örtliche Träger in Z die Leistungen fortsetzt.

3. Kosten, die der örtliche Träger in Y im Rahmen seiner fortbestehenden Verpflichtungen nach § 86c Satz 1 aufgewendet hat, sind ihm gemäß § 89c Abs. 1 Satz 1 von dem örtlichen Träger in Z zu erstatten, der nach dem Wechsel der örtlichen Zuständigkeit zuständig geworden ist.

4. Grundsätzlich sind personenbezogene Daten geheim zu halten (§ 61 Abs. 1 Satz 1 SGB VIII i. V. m. § 35 SGB I). Gemäß § 69 Abs. 1 Nr. 1 SGB X ist allerdings die Übermittlung von Sozialdaten zwischen Sozialleistungsträgern zulässig, soweit dies erforderlich ist für die Erfüllung der Zwecke, für die die Daten erhoben worden sind, also hier für die Heimunterbringung nach §§ 27, 34 SGB VIII. Zusätzlich sind die Bestimmungen der §§ 64, 65 SGB VIII zu beachten.

Gemäß § 64 Abs. 1 SGB VIII dürfen Sozialdaten nur zu dem Zweck übermittelt (oder genutzt) werden, zu dem sie erhoben worden sind. Außerdem ist gemäß § 64 Abs. 2 SGB VIII eine Übermittlung für die Erfüllung von Aufgaben nach § 69 SGB X nur zulässig, soweit dadurch der Erfolg einer zu gewährenden Leistung nicht in Frage gestellt wird. Dafür gibt es jedoch mit Blick auf die hier gewährte Hilfe zur Erziehung keinen Anhaltspunkt.

Gemäß § 65 Abs. 1 Satz 1 SGB VIII dürfen Sozialdaten, die dem Mitarbeiter eines Trägers der öffentlichen Jugendhilfe zum Zweck persönlicher und erzieherischer Hilfe anvertraut worden sind, nur unter den engen Voraussetzungen der Nrn. 1 bis 5 weitergegeben werden. Nach dem Sachverhalt ist jedoch nicht davon auszugehen, dass hier ein in dieser Weise zu schützendes Vertrauensverhältnis entstanden ist.

Damit ist die Datenübermittlung auch nach §§ 64, 65 SGB VIII zum Zwecke der Weitergewährung der Hilfen §§ 27, 34 SGB VIII rechtlich zulässig.

5. Gemäß § 91 Abs. 1 Nr. 5b werden Kostenbeiträge u. a. zu Leistungen der Hilfe zur Erziehung in einem Heim oder einer sonstigen betreuten Wohnform erhoben. Gemäß § 92 Abs. 1 Nr. 5 sind, da A selbst über keine finanziellen Mittel verfügen dürfte, die Eltern grundsätzlich zu diesen Kosten heranzuziehen (vgl. allerdings Ausnahmen nach § 92 Abs. 3 bis 5). Die Heranziehung erfolgt nach § 92 Abs. 2 durch Erhebung eines Kostenbeitrages, der durch Leistungsbescheid (Verwaltungsakt!) festgesetzt wird. Die Eltern sind sodann gemäß § 94 Abs. 1 Satz 1 aus ihrem Einkommen in angemessenem Umfang zu den Kosten heranzuziehen, wobei die Berechnung des Einkommens nach § 93 erfolgt. Die konkrete Festsetzung der Kostenbeiträge der Eltern erfolgt gemäß § 94 Abs. 5 aufgrund einer vom zuständigen Bundesministerium erlassenen Rechtsverordnung.

Literatur

Lehrbücher, Monographien, Handbücher, Fallsammlungen, Zeitschriftenartikel

Barabas, F. (2003): Beratungsrecht, 2. Aufl. Fachhochschulverlag, Frankfurt
Bauer, J., Schimke, W., Dohmel, H.-J. (2000): Recht und Familie, 2. Aufl. Luchterhand, Neuwied
Bernzen, Chr. (2005): Einführung in das Kinder- und Jugendhilferecht. Kohlhammer, Stuttgart
Birtsch, V., Münstermann, K., Trede, W. (Hrsg.) (2001): Handbuch Erziehungshilfen. Votum-Verlag, Münster
Blandow, J. (2004): Pflegekinder und ihre Familien, Juventa, Weinheim
Bringewat, P. (2006): Schutzauftrag bei Kindeswohlgefährdung (§8a SGB VIII) und strafrechtliche Garantenhaftung in der Kinder- und Jugendhilfe, ZKJ, 233
Brüggemann, D., Knittel, B. (2000): Beurkundungen im Kindschaftsrecht, 5. Aufl. Bundesanzeiger-Verlag, Köln
Deinet, U., Sturzenhecker, B. (Hrsg.) (2005): Handbuch offene Jugendarbeit, 3. Aufl. VS Verlag für Sozialwissenschaften, Wiesbaden
Deutscher Städtetag (2004): Strafrechtliche Relevanz sozialarbeiterischen Handelns. Empfehlungen zur Festlegung fachlicher Verfahrensstandards in den Jugendämtern bei akut schwerwiegender Gefährdung des Kindeswohls. ZfJ 2004, 187 (identisch mit JAmt 2003, 226)
Deutscher Verein für öffentliche und private Fürsorge (2003): Unterstützung für Familien in Krisensituationen, NDV, 127
– (2004): Weiterentwickelte Empfehlungen zur Vollzeitpflege/Verwandtenpflege, Frankfurt a. M.
– (2006): Empfehlungen zur Umsetzung des § 8a SGB VIII, NDV, 494
Fieseler, G. (2004a): Wunsch- und Wahlrecht, in: Wabnitz, R. J. (Hrsg.), Handwörterbuch, 218
– (2004b): Beteiligung von Kindern und Jugendlichen, in: Wabnitz, R. J. (Hrsg.), Handwörterbuch, 63f.
–, Herborth, R. (2009): Recht der Familie und Jugendhilfe, 7. Aufl. Luchterhand, Neuwied
–, Hannemann, A. (2006): Gefährdete Kinder – Staatliches Wächteramt versus Elternautonomie?, ZKJ, 117

Fischer, L., Mann, H. (2002): Neuere Rechtsprechung zu den Entgelten für den Besuch eines Kindergartens, Neue Zeitschrift für Verwaltungsrecht, 794

Fricke, A., Hoffmann, B., Kunkel, P.-Chr., Söchtig, J. (2008): Kinder- und Jugendhilferecht. Fälle und Lösungen, 3. Aufl. Nomos, Baden-Baden

Fülbier, P., Münchmeier, R. (Hrsg.) (2001): Handbuch der Jugendsozialarbeit. Votum-Verlag, Münster

Gernert, W. (1999): Landesjugendämter als regionale Kompetenzzentren der Jugendhilfe, ZfJ, 112

– (2001): Beteiligung von Kindern und Jugendlichen in der Jugendhilfe, §8 SGB VIII. Boorberg, Stuttgart

Gögercin, S. (1999): Jugendsozialarbeit. Eine Einführung. Lambertus, Freiburg/Breisgau

Gragert, N. (2007): Bedingungen und Voraussetzungen für eine beteiligungsorientierte Hilfeplanerstellung, ZKJ, 277

Hansbauer, P., Mutke, B., Oelerich, G. (2004): Vormundschaft in Deutschland – Trends und Perspektiven. Leske + Budrich, Opladen

Hasenclever, C. (1978): Jugendhilfe und Jugendgesetzgebung seit 1900. Vandenhoeck & Ruprecht, Göttingen

Hinrichs, K. (2003): Selbstbeschaffung im Jugendhilferecht, Dissertation. Lang, Frankfurt

– (2006): Jugendhilfe und verwaltungsgerichtliche Kontrolle, JAmt 2006, 377

Hoppensack, H.-C. (2007): Kevins Tod – ein Beispiel für missratene Kindeswohlsicherung, Unsere Jugend, 290

Institut für Sozialarbeit und Sozialpädagogik (Hrsg.) (2008): Vernachlässigte Kinder besser schützen. Sozialpädagogisches Handeln bei Kindeswohlgefährdung, Ernst Reinhardt, München/Basel

Internationaler Jugendaustausch- und Besucherdienst (IJAB) (2007): Kinder- und Jugendpolitik, Kinder- und Jugendhilfe in der Bundesrepublik Deutschland. IJAB, Bonn

Jordan, E. (Hrsg.) (2006): Kindeswohlgefährdung. Rechtliche Neuregelungen und Konsequenzen für den Schutzauftrag der Kinder- und Jugendhilfe, Juventa, Weinheim/München

–, Schone, R. (Hrsg.) (2000): Handbuch Jugendhilfeplanung, 2. Aufl. Votum-Verlag, Münster

Kindler, H. et al. (2006): Handbuch Kindeswohlgefährdung nach § 1666 BGB und Allgemeiner Sozialer Dienst (ASD), Deutsches Jugendinstitut, München

Kunkel, P.-Chr. (2000): Rechtsfragen der Finanzierung freier Träger, ZfJ, 413

– (2001a): §79 SGB VIII. Leitnorm oder Norm light? NDV, 412

– (2001b): Grundlagen des Jugendhilferechts, 4. Aufl. Baden-Baden

- (2001c): §§86, 87c SGB VIII – die „Leuchttürme" der örtlichen Zuständigkeit, ZfJ, 361, 416
- (2002a): ARD-Ratgeber Jugendhilfe, 2. Aufl. dtv, München
- (2002b): Das Zusammenspiel von Jugendamt und Familiengerichten nach §42 SGB VIII, KindPrax, 159
- (2004): Erziehungsberatung, in: Wabnitz, R. J. (Hrsg.), Handwörterbuch, 91
- (2006a): Grundlagen des Jugendhilferechts, 5. Aufl. Nomos, Baden-Baden
- (2006b): Schnittstellen zwischen Jugendhilfe (SGB VIII): Grundsicherung (SGB II) und Arbeitsförderung (SGB III): ZFSH/SGB, 76
–, Haas, G. (2006): Die Eingliederungshilfe nach §35a SGB VIII in der Neufassung durch das KICK aus rechtlicher und medizinischer Sicht, ZKJ, 148
Liebig, R. (2001): Strukturveränderungen des Jugendamtes – Kriterien für eine gute Ordnung der öffentlichen Jugendhilfe, Juventa, Weinheim
Maykus, S. (2006): Herausforderung Jugendhilfeplanung, Juventa, Weinheim/München
Merchel, J. (2006): Hilfeplanverfahren bei den Hilfen zur Erziehung, 2. Aufl. Boorberg-Verlag, Stuttgart
- Reismann, H. (2003): Der Jugendhilfeausschuss: besser als sein Ruf?, NDV, 422
Mrozynski, P. (1999a): Der Rechtsanspruch auf Leistungen im Kinder- und Jugendhilferecht, ZfJ, 403
- (1999b): Die Feststellung des erzieherischen Bedarfs bei den Hilfen zur Erziehung als materiell- und verfahrensrechtliches Problem, ZfJ, 467
Münder, J. (2001a): Für wen gilt das Kinder- und Jugendhilferecht?, Jugendhilfe, 29
- (2001b): Leistungen der Kinder- und Jugendhilfe – Rechtsansprüche für Bürger? Zu den Rechtsansprüchen im Kinder- und Jugendhilferecht, Jugendhilfe, 87
- (2001c): Wer zahlt, schafft an? Zur Finanzierung im Kinder- und Jugendhilferecht, Jugendhilfe, 247
- (2007a): Kinder- und Jugendhilferecht, 6. Aufl. Luchterhand, München
- (2007b): Untersuchung zu den Vereinbarungen zwischen den Jugendämtern und den Trägern von Einrichtungen und Diensten nach § 8a Abs. 2 SGB VIII, Votum, Münster
–, Mutke, B. et al. (2007): Die Praxis des Kindschaftsrechts in Jugendhilfe und Justiz, Ernst Reinhardt, München/Basel
–, Mutke, B., Schone, R. (2000): Kindeswohl zwischen Jugendhilfe und Justiz. Votum-Verlag, Münster
–, Ottenberg, P. (1999): Der Jugendhilfeausschuss. Votum-Verlag, Münster
–, Thammen, B. (2002): Einführung in das KJHG, 3. Aufl. Votum-Verlag, Münster

–, Wiesner, R. (Hrsg.) (2007): Kinder- und Jugendhilferecht, Handbuch. Nomos, Baden-Baden
Nonninger, S. (2002): Entscheidungskompetenz des öffentlichen Trägers der Hilfe nach den §§27 ff SGB VIII, JAmt l, 495
Nothacker, G. (2002): Beratungspraxis Sozialleistungen. Nomos, Baden-Baden
– (2004): Vollzeitpflege, in: Wabnitz, R. J. (Hrsg.), Handwörterbuch, 213
Nüsken, D. (2006): Vom Erfolgs- zum Auslaufmodell? Hilfen für junge Volljährige, JAmt 2006, 1
Oberloskamp, H. (1998): Vormundschaft, Pflegschaft und Beistandschaft für Minderjährige, 2. Aufl. C. H. Beck, München
–, Balloff, R., Fabian, T. (2001): Gutachterliche Stellungnahme in der Sozialen Arbeit, 6. Aufl. Luchterhand, Neuwied
–, Brosch, D. (2007): Jugendhilferechtliche Fälle für Studium und Praxis, 11. Aufl. Luchterhand, Neuwied
Peter, E. (2006): Die Inobhutnahme unbegleiteter ausländischer Minderjähriger, JAmt, 60
Pluto, L. (2004): Bewertungen und Einschätzungen zum Kinder- und Jugendhilfeausschuss, Forum Jugendhilfe, 53
Proksch, R. (2001): Kooperative Vermittlung (Mediation) in streitigen Familiensachen. Fortis-Verlag, Berlin/Köln
Riehle, E. (2000): Sozialdatenschutz und Zeugnisverweigerungsrecht, ZfJ, 290
Schindler, G. (2004): Pflegeerlaubnis: Ein Thema für das Jugendamt, JAmt, 169
Schleicher, H. (2007): Jugend- und Familienrecht, 12. Aufl. Beck, München
Schmid, H., Wiesner, R. (2005): Rechtsfragen der Kindertagespflege nach dem Tagesbetreuungsausbaugesetz, ZfJ, 274
Schröer, H., Struck, N., Wolff, K. (Hrsg.) (2002): Handbuch Kinder- und Jugendhilfe. Juventa, Weinheim
Statistisches Bundesamt (2004a): Kindertagesbetreuung in Deutschland. Einrichtungen, Plätze, Personal und Kosten 1990 bis 2002. Eigenverlag, Wiesbaden
– (2004b): Statistik der Kinder- und Jugendhilfe. Teil IV Ausgaben und Einnahmen 2002. Eigenverlag, Wiesbaden
– (2004c): Statistik der Kinder- und Jugendhilfe, Fachserie 13, Einnahmen und Ausgaben der Kinder- und Jugendhilfe. Eigenverlag, Wiesbaden
Struck, J., Wiesner, R. (2000): Elternbeiträge zum Besuch des Kindergartens, RdJB, 180
Struck, N., Galuske, M., Thole, W. (Hrsg.) (2003): Reform der Heimerziehung, VS Verlag, Wiesbaden
Thole, W. (2000): Kinder- und Jugendarbeit. Eine Einführung. Juventa, Weinheim/München

Trenczek, T. (2003): Die Mitwirkung der Jugendhilfe im Strafverfahren. Konzeption und Praxis der Jugendgerichtshilfe. Beltz, Votum, Weinheim
Wabnitz, R. J. (1998): Kinder- und Jugendhilfe im vereinten Deutschland. Kohlhammer, Stuttgart
- (2000): Mitwirkung in familiengerichtlichen Verfahren. Rechtsgrundlagen, Aufgaben und Selbstverständnis, ZfJ, 336
- (2003): Recht der Finanzierung der Jugendarbeit und Jugendsozialarbeit. Ein Handbuch. Nomos, Baden-Baden
- (2004a): Zur Rechtsstellung von Trägern der freien Jugendhilfe, insbesondere auf Bundesebene, Forum Jugendhilfe, 69
- (Hrsg.) (2004b): Handwörterbuch Kinder- und Jugendhilferecht SGB VIII/KJHG. Nomos, Baden-Baden
- (2005): Rechtsansprüche gegenüber Trägern der öffentlichen Kinder- und Jugendhilfe nach dem Achten Buch Sozialgesetzbuch (SGB VIII). Eigenverlag der Arbeitsgemeinschaft für Kinder- und Jugendhilfe, Berlin
- (2006): Grundkurs Familienrecht für die Soziale Arbeit. Ernst Reinhardt, München/Basel, 2. Aufl. 2009
- (2007a): Der Rechtsanspruch von Trägern der freien Jugendhilfe auf Förderung nach § 74 Abs. 1 SGB VIII, ZKJ, 189
- (2007b): Hessisches Kinder- und Jugendhilfegesetzbuch (HKJGB). Kommentar, Fachhochschulverlag, Frankfurt a. M.
- (2007c): Neues Recht der Kindertagesbetreuung in Hessen. Eine Handreichung zum Kinder- und Jugendhilfegesetzbuch (HKJGB), Fachhochschulverlag, Frankfurt a. M.

Wiesner, R. (1998): § 19 SGB VIII als Grundlage für die Hilfegewährung in gemeinsamen Wohnformen für Mütter/Väter und Kinder aus Sicht des Gesetzgebers, NDV, 225
- (1999): Die Neuregelung der Entgeltfinanzierung in der Kinder- und Jugendhilfe, ZfJ, 79
- (2000): Das Vormundschaftswesen und die Jugendhilfe, Der Amtsvormund, 283
- (2003a): Zur gemeinsamen Verantwortung von Jugendamt und Familiengericht für die Sicherung des Kindeswohls, ZfJ, 121
- (2003b): Die Förderung von Kindern in Tageseinrichtungen und die Einheit der Jugendhilfe, ZfJ, 293
- (2003c): Freiheitsentziehung in pädagogischer Verantwortung? Zur Diskussion der geschlossenen Unterbringung im Rahmen der Jugendhilfe, JAmt, 109
- (2004): Das Tagesbetreuungsausbaugesetz, ZfJ, 441
-, Schindler, G., Schmid, H. (2007): Das neue Kinder- und Jugendhilferecht. Einführung, Texte, Materialien, Bundesanzeiger Verlag, Köln
-, Zarbock, W. (Hrsg.) (1991): Das neue Kinder- und Jugendhilfegesetz (KJHG). Heymann, Köln

Kommentare

Fieseler, G., Schleicher, H., Busch, M. (Hrsg.) (2008): Kinder- und Jugendhilferecht. Gemeinschaftskommentar zum SGB VIII (GK-SGB VIII). Luchterhand, Neuwied/Kriftel

Hauck, K., Noftz, W. (Hrsg.) (2008): SGB VIII – Kinder- und Jugendhilfe. Erich Schmidt, Berlin u. a.

Jans, K.-W., Happe, G., Saurbier, H., Maas, U. (Hrsg.) (2008): Kinder- und Jugendhilferecht, 3. Aufl. Kohlhammer, Stuttgart, Berlin

Jung, H.-P. (Hrsg.) (2006): SGB VIII Kinder- und Jugendhilfe. Kommentar zum SGB VIII. Haufe, Freiburg und Berlin

Krug, H., Grüner, H., Dalichau, G. (2008): Kinder- und Jugendhilfe, Sozialgesetzbuch (SGB) Achtes Buch (VIII). Schulz, Starnberg

Kunkel, P.-Chr. (Hrsg.) (2006c): Kinder- und Jugendhilfe. Lehr- und Praxiskommentar (LPK-SGB VIII): 3. Aufl. Nomos, Baden-Baden

Möller, W., Nix, C. (Hrsg.) (2006): Kurzkommentar zum SGB VIII – Kinder- und Jugendhilfe. Ernst Reinhardt, München/Basel

Mrozynski, P. (2004): Kinder- und Jugendhilfegesetz (SGB VIII), 4. Aufl. C. H. Beck, München

Münder, J. et al. (2006): Frankfurter Kommentar zum SGB VIII: Kinder- und Jugendhilfe, 5. Aufl. Juventa, Weinheim, Berlin und Basel

Schellhorn, W., (Hrsg.) (2007): Sozialgesetzbuch Achtes Buch (SGB VIII), 3. Aufl. Luchterhand, Neuwied

Wiesner, R. (Hrsg.) (2006): SGB VIII. Kinder- und Jugendhilfe, 3. Aufl. C. H. Beck, München

Zeitschriften

FamRZ, Zeitschrift für das gesamte Familienrecht
FEVS, Fürsorgerechtliche Entscheidungen der Verwaltungs- und der Sozialgerichte
Forum Jugendhilfe
FuR, Familie und Recht
JAmt, Das Jugendamt (früher: Der Amtsvormund)
Jugendhilfe
KindPrax, Kindschaftsrechtliche Praxis (bis 2005)
NDV, Nachrichtendienst des Deutschen Vereins für öffentliche und private Fürsorge
NJW, Neue juristische Wochenschrift
RdJB, Recht der Jugend und des Bildungswesens
RsDE, Recht der sozialen Dienste und Einrichtungen
UJ, Unsere Jugend

ZfJ, Zentralblatt für Jugendrecht (bis 2005)
ZFSH/SGB, Zeitschrift für Sozialhilfe und Sozialgesetzbuch
ZKJ, Zeitschrift für Kindschaftsrecht und Jugendhilfe (ab 2006)

Sachregister

Adoptionsvermittlungsgesetz 121
Allgemeine Vorschriften des SGB VIII 19
Amtspflegschaft 118
Amtsvormundschaft 118
Andere Aufgaben der (Kinder- und) Jugendhilfe 41, 106
Anerkennung als Träger der freien (Kinder- und) Jugendhilfe 134
Annahme als Kind 121
Arbeitsgemeinschaften 142
Aufgaben der (Kinder- und) Jugendhilfe 40
Ausländer 30

Beistandschaft 120
Beratung in Fragen der Partnerschaft, Trennung und Scheidung 49
Beratung und Belehrung bei Annahme als Kind 121
Beratung und Unterstützung bei der Ausübung der Personensorge und des Umgangsrechts 51
– bei Vaterschaftsfeststellung und Unterhaltsansprüchen 116
– von Pflegern und Vormündern 118
Beteiligung anerkannter Träger der freien (Kinder- und) Jugendhilfe an der Wahrnehmung anderer Aufgaben 41, 106

– von Kindern und Jugendlichen 33
Betreuung und Versorgung des Kindes in Notsituationen 54
Beurkundung und Beglaubigung, vollstreckbare Urkunden 120
Bürgerliches Gesetzbuch (BGB) 22

Datenschutz bei Sozialdaten 150
Dreiecksverhältnis 45

Eigenverantwortliche und gemeinschaftsfähige Persönlichkeit 20
Eingliederungshilfe 92
Elternrecht und Elternverantwortung 20
Entgeltvereinbarung 140
Erlaubnis für den Betrieb einer Einrichtung 115
Erzieherischer Kinder- und Jugendschutz 64
Erziehung in der Familie 48
– in einer Tagesgruppe 85
Erziehungsbeistand/Betreuungshelfer 81
– -beratung 79
– -berechtigter 29

Fachkräfte 132
Familiengericht 110ff
– -recht 22
Föderalismusreform 123

Sachregister

Förderung der Erziehung in der Familie 48
- freien (Kinder- und) Jugendhilfe 27, 137
Fortbildung 132
Freie (Kinder- und) Jugendhilfe 24, 134

Garantenstellung 37
Gefahren für das Wohl des Kindes 21, 35, 107, 114ff
Geltungsbereich des SGB VIII 30
Gemeinsame Wohnformen für Mütter und Väter 52
Gesamtverantwortung 27, 140
Gewährleistungsverpflichtung 141
Gleichberechtigung von Mädchen und Jungen 42
Grundgesetz (GG) 20
Grundrichtung der Erziehung 42

Heimerziehung, sonstige betreute Wohnformen 89
Heranziehung zu den Kosten 149
Hilfe für junge Volljährige 95
- zur Erziehung 74
- -plan 102
Historische Entwicklung des Kinder- und Jugendhilferechts 37
Horte 69

Inobhutnahme von Kindern und Jugendlichen 107
Intensive sozialpädagogische Einzelbetreuung 92

Jugend 29
- -amt 125
- -arbeit 57
- -bericht 132
- -berufshilfe 63
- -gerichtsgesetz 112

- -hilfeausschuss 128
- -hilfeplanung 142
Jugendlicher, junger Volljähriger, junger Mensch 29
Jugendschutzgesetz (JuSchG) 64
- -sozialarbeit 61
- -verbände 60
- -wohnen 63

Kind 29
Kinderförderungsgesetz (KiFöG) 66
Kindergarten 68
Kinderschutz 35ff
Kinder- und Jugendhilfe 17
- -gesetz (KJHG) 18
- -recht 17
- -statistik 153
- -weiterentwicklungsgesetz (KICK) 38, 66
Kinder- und Jugendschutz 64
Kostenbeteiligung 147
Kostenerstattung zwischen Trägern der öffentlichen (Kinder- und) Jugendhilfe 146
Kostentragung von jungen Menschen und Eltern 147ff
Krankenhilfe 100
Krippen 69

Landesausführungsgesetze zum SGB VIII 18, 65, 72
Landesjugendamt 130
Landesjugendhilfeausschuss 130
Landesrecht 18, 65, 72, 123
Leistungen der (Kinder- und) Jugendhilfe 40
- -vereinbarungen 139
- -verpflichtungen 27
- zum Unterhalt des Kindes oder Jugendlichen 98

Mitwirkung bei Hilfen zur Erziehung 100

– in gerichtlichen Verfahren 110ff

Oberste Bundesbehörde 131
Oberste Landesjugendbehörde 131
Öffentliche (Kinder- und) Jugendhilfe 25, 123, 136
Örtliche Träger der (Kinder- und) Jugendhilfe 124
Örtliche Zuständigkeit 145

Personensorge(berechtigte) 29
Pflegeerlaubnis 114, 115
Pfleger 119

Qualitätsentwicklungsvereinbarungen 139

Rechtsansprüche 42
– -verpflichtungen 42

Sachliche Zuständigkeit 124
Schiedsstelle 140
Schulsozialarbeit 63
Soziale Gruppenarbeit 80
Sozialgesetzbuch I 18, 151
– II 31
– III 31
– V 31
– VIII 19
– X 18, 151
– XII 31
Sozialpädagogische Familienhilfe 82
Staatliches Wächteramt 20ff
Subsidiaritätsprinzip 27

Tagesbetreuungsausbaugesetz (TAG) 38, 66, 69

Tageseinrichtungen für Kinder 66
Tagespflege 66
Teilnahmebeiträge 149
Träger der freien (Kinder- und) Jugendhilfe 24, 134ff
Träger der öffentlichen (Kinder- und) Jugendhilfe 25, 123ff, 134ff

Überörtliche Träger der (Kinder- und) Jugendhilfe 124, 125
Unterstützung bei notwendiger Unterbringung zur Erfüllung der Schulpflicht 56

Vereinbarungen über die Höhe der Kosten 139
– Leistungsangebote, Entgelte und Qualitätsentwicklung 139
Verhältnis des SGB VIII zu anderen Leistungen und Verpflichtungen 31
Vielfalt von Trägern der (Kinder- und) Jugendhilfe 23ff
Vollzeitpflege 86
Vorläufige Maßnahmen zum Schutz von Kindern und Jugendlichen 107
Vormundschaftsgericht 112

Wohl des Kindes 21ff, 107ff, 114ff
Wunsch- und Wahlrecht 32

Zusammenarbeit der öffentlichen mit der freien (Kinder- und) Jugendhilfe 26, 134ff
– mit anderen öffentlichen Stellen und Einrichtungen 143
Zuständigkeiten 124, 145

Leseprobe

Thomas Trenczek / Britta Tammen / Wolfgang Behlert: Grundzüge des Rechts

Vorwort und Arbeitshinweise

Warum sollten Fachkräfte der Sozialen Arbeit sich mit dem Recht beschäftigen und über differenzierte Rechtskenntnisse verfügen? Ein wesentlicher Grund liegt in dem, was man „Verrechtlichung" nennt. Das Recht „mischt" sich in alle Lebensbereiche „ein", es gibt nahezu kaum einen rechtsfreien Raum. Das gilt auch für die Soziale Arbeit und Sozialpädagogik, selbst das Töpfern in der Toskana ist rechtlich geregelt, z.B. durch Teilnehmer- und Beherbergungsverträge, durch Kauf- und Lieferverträge (irgendwo muss der Ton ja herkommen). Vielfach bildet das Recht das gesellschaftliche Leben nur in rechtliche Kategorien ab und stabilisiert damit die Verhaltenserwartungen der Menschen. Teilweise ist mit dem Recht ein Orientierungsrahmen gezeichnet, von dem man abweichen kann, teilweise handelt es sich um zwingende Verhaltensanforderungen (vgl. hierzu I-1, II-1).

Bei vielen Studenten scheint am Anfang ihres Studiums der Eindruck vorzuherrschen, dass eine stetig wachsende Zahl der Gesetze und Rechtsverordnungen, Verfügungen, Erlasse und Richtlinien einerseits und die bürokratischen Strukturen und Interessen andererseits dem sozialpädagogischen Handeln im Dienste der Klienten nur noch wenig Spielraum lassen. Freilich greift ein solcher künstlicher Gegensatz gerade angesichts der sozialrechtlichen Bestimmungen zu kurz. Vielmehr äußert sich die öffentliche Hilfegewährung überhaupt erst als rechtlich gebundene Verwaltungsentscheidung.

Insoweit gilt es gerade die durch den normativen Handlungsauftrag eingeräumten Chancen für die praktische Tätigkeit in der Sozialen Arbeit zu erkennen und dann auch zu nutzen, z.B.:

- *Frau S., alleinerziehende Mutter von drei Kindern (3, 4 und 14 Jahre), kommt in die Beratung des Allgemeinen Sozialdienstes und erkundigt sich nach personeller und finanzieller Unterstützung.*
- *Nach dem erfolgreichen Examen will die Sozialarbeiterin B. gemeinsam mit anderen Kolleginnen einen Verein gründen, um für arbeitslose Jugendliche ein Angebot außerschulischer Ausbildung und Freizeitbetätigung zu schaffen. Was müssen sie hierbei beachten? Wie und von wem erhält man öffentliche Zuschüsse?*
- *Die 15-jährige Lisa wird von der Polizei um 1.00 Uhr nachts in einer Disco aufgegriffen und dem Jugendamt zugeführt. Was ist zu tun? Ist es für die Entscheidung relevant, ob Lisa von zu Hause ausgerissen ist oder sich mit Zustimmung ihrer Eltern in der Diskothek aufgehalten hat?*

In vielen dieser Fälle geht es nicht nur um die Klärung einer Rechtsfrage. Vielmehr kommen hilfesuchende Bürger oft mit einem ganzen Bündel von Fragen und Problemen, die ganz unterschiedliche Lebens- und damit Rechtsbereiche betreffen. So berichtet im oben zuerst genannten Beispiel Frau S. über Konflikte mit dem von ihr getrennt bei seiner Freundin lebenden Ehemann. Diese seien aktuell ausgelöst worden, weil ihr ältester Sohn Willy (14) seit einiger Zeit häufiger die Schule schwänze und in diesem Zusammenhang von der Polizei bei einem mit anderen Jugendlichen begangenen Einbruchsdiebstahl festgenommen worden sei. Ihr Mann habe seine Unterhaltszahlung gekürzt, weil er arbeitslos geworden sei und sich ohnehin scheiden lassen wolle. Mittlerweile sei sie mit Mietzahlungen im Rückstand, weil sie einen MP3-Player bezahlen müsse, den ihr Sohn trotz ihres Verbotes erworben habe. Im Moment werde ihr alles zu viel, weil bei ihr demnächst ein stationärer Krankenhausaufenthalt und eine Operation anstehen und sie nicht wisse, wie sie ihre Kinder in dieser Zeit versorgen solle. Die Krankenkasse weigere sich, während dieser Zeit eine Haushaltshilfe zu bezahlen, da die Kinder ja bei ihrem Mann wohnen könnten. In diesem Fall stellen sich z. B. folgende Fragen:

- *Welche Unterhaltsansprüche stehen Frau S. für sich und ihre Kinder gegen ihren Mann zu? Welche Vereinbarungen können die Eheleute im Hinblick auf eine Scheidung einvernehmlich treffen?*
- *Muss Frau S. den von ihrem Sohn erworbenen MP3-Player bezahlen?*
- *Kann der Mietvertrag wegen der Mietrückstände gekündigt werden?*
- *Hat sich Willy strafbar gemacht, welche strafrechtlichen Rechtsfolgen und welche jugendhilferechtlichen Interventionen kommen in Betracht?*
- *Spielt es eine Rolle, ob Willy bzw. seine Eltern nichtdeutsche Staatsangehörige sind?*
- *Welche Sozialleistungen kann Frau S. beanspruchen? Hat sie einen Anspruch darauf, dass die Kosten für eine Haushaltshilfe während des Krankenhausaufenthaltes von der Krankenkasse übernommen werden?*

Natürlich hat die Antwort auf viele dieser Fragen zumeist auch einen sozialpädagogischen Bezug; sie wird deshalb auch von fachlichen Grundsätzen und Methoden der Sozialen Arbeit bestimmt werden. Insoweit sind aber auch politisch-rechtliche Handlungsanweisungen, insbesondere einige verfassungsrechtliche Grundentscheidungen für das Handeln der Sozialarbeit bindend. Soziale Hilfe äußert sich in diesen Fällen zudem vor allem auch als Rechtsberatung (hierzu I-4.2), wobei die Fachkräfte der Sozialen Arbeit ganz unterschiedliche Rechtsmaterien beherrschen müssen. Wer als Sozialarbeiter rechtliche Hilfemöglichkeiten ungenutzt lässt und für die betroffenen Klienten nicht erschließen kann, weil er diese nicht kennt oder ohne ernsthaftes Bemühen falsch auslegt, wird seiner beruflichen Verantwortung nicht gerecht. Und schließlich sollte bei allem nicht die emanzipatorische Kraft des Rechts vergessen werden: Recht als Medium zur Eröffnung von Teilhaberechten und -chancen (vgl. hierzu insbesondere I-1.2: Recht und Gerechtigkeit).

Leseprobe (S. 19 – 21) aus:

Thomas Trenczek / Britta Tammen / Wolfgang Behlert
Grundzüge des Rechts
Studienbuch für soziale Berufe
(Studienbücher für soziale Berufe; 9)
2008. 614 Seiten. Mit 53 Übersichten
UTB-L (978-3-8252-8357-5) kt

Reinhard J. Wabnitz
Grundkurs Familienrecht für die Soziale Arbeit

2., überarb. Aufl. 2009. 197 Seiten.
Mit 8 Tabellen, 67 Übersichten, 14 Fallbeispielen und Musterlösungen
UTB-S (978-3-8252-2754-8) kt

Wie sind Sorgerecht und Adoption im deutschen Grundgesetz verankert? Was sollte man über elterliche Sorge und Vormundschaft wissen?
Reinhard Wabnitz beantwortet diese und weitere Fragen und vermittelt das relevante Basiswissen des Familienrechts – speziell aufbereitet für Studierende des Faches Soziale Arbeit. Durch die systematische Gliederung lassen sich wichtige Regelungen nachschlagen, zum Beispiel zu: Familie, Eheschließung und nicht ehelichen Lebensgemeinschaften, Scheidung und Unterhalt, Adoption, Vormundschaft und Pflegschaft.

ℝ⁄ reinhardt
www.reinhardt-verlag.de

Harry Dettenborn / Eginhard Walter
Familienrechtspsychologie

2002. 352 Seiten. 11 Abb. 6 Tab.
UTB-L (978-3-8252-8232-5) kt

Das vorliegende Buch macht den Leser vertraut mit

- den rechtlichen Grundlagen und
- der psychologischen Tragweite

einzelner Konfliktthemen wie Sorgerecht, Umgangsrecht, Adoption oder Herausnahme von Kindern aus der Familie. Es zeigt anschaulich, wie diese theoretischen Grundkenntnisse in die Praxis der Jugendhilfe, Verfahrenspflege, Beratung und Gutachtertätigkeit eingebracht werden können.

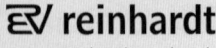
reinhardt
www.reinhardt-verlag.de

Johannes Münder / Barbara Mutke / Bernd Seidenstücker / Britta Tammen / Gabriele Bindel-Kögel
Die Praxis des Kindschaftsrechts in Jugendhilfe und Justiz

2007. 236 Seiten. 30 Abb. 11 Tab.
(978-3-497-01911-3) kt

Mit dem neuen Kindschaftsrecht von 1998 wurden die Autonomie der Eltern und die Rechte der Kinder gestärkt. Inwieweit werden die Anforderungen, welche sich aus dem neuen Gesetz ergeben haben, in der Praxis der Jugendhilfe umgesetzt?
Die Autoren geben einen Überblick über den aktuellen Stand der Umsetzung der Kindschaftsrechtsreform und geben Empfehlungen für eine qualitätsorientierte Weiterentwicklung der Praxis.

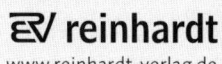

www.reinhardt-verlag.de

Rainer Balloff
Kinder vor dem Familiengericht

2004. 339 Seiten.
(978-3-497-01722-5) kt

Wer mit Kindern in schwierigen Situationen arbeitet, benötigt nicht nur fundierte juristische und psychologische Kenntnisse, sondern auch viel Einfühlungsvermögen. Dieses Buch schildert ausführlich die aktuelle Rechtslage bei Sorge- und Umgangsrecht, Fremdplatzierung und Adoption und führt in psychologische Grundkenntnisse zum Umgang mit Kindern ein. Praxisorientiert zeigt der Autor, wie man feinfühlig auf die Bedürfnisse der Kinder im rechtlichen Kontext eingehen kann.

ℰ⩘ reinhardt
www.reinhardt-verlag.de